普天之下・盡是好書

普天出版家族
Popular Press Family

凌雲文創
A-Plus Creative Company

## 最有效的靈活**交際謀略**

SOCIAL INTERCOURSE

The separation of impersonal and significant relationships. In order to engage in Social Intercourse, one must consider the other individual to be significant. This situation can be expressed through shared music, laughter, or deep and meaningful conversation.

# 把陌生人

# 變成

# 自己的貴人

威爾・羅傑斯曾經寫道：
平日多結交一些在關鍵時刻對你有幫助的人，因為，這些人很可能會成為你面臨危機時刻向你伸出援手的貴人。

的確，一個人想要成功，除了靠本身的實力和努力之外，貴人從旁適時推一把，絕對是重要關鍵。
所謂的人際關係，就是關鍵時刻可以適時運用的有效關係；所謂的貴人，就是危急時刻願意對你伸出援手的人。
事實上，對那些成功人士而言，人際關係都是精心打造的，貴人也往往是用心經營獲得的，就看本身能不能有效活用交際謀略。

羅策 =

【出版序】

# 最有效的靈活交際謀略

人與人之間的交往，基本上就是一種交換行為，如果你想比別人早日成功，那麼，就必須設法建立一套有效的人脈經營策略，並且靈活加以運用。

● 羅 策

人脈運用專家威爾．羅傑斯曾經寫道：「平日多結交一些在關鍵時刻對你有幫助的人，因為，這些人很可能會成為你在面臨危機時刻向你伸出援手的貴人。」

的確，一個人想要成功，很多時候並不是取決於你本身擁有多少能量，而是在於面臨成敗的關鍵時刻，到底有多少「派得上用場的朋友」願意向你伸出援手。

這些「有用」，並且願意讓你「利用」的人，才是你必須用心結交，保持互利互惠的朋友。

舉凡成功的企業人士，在著手撰寫他們奮鬥的成功故事之中，都會不約而同地將他們的成功歸功於在危機時候，願意拉他們一把的人的身上。

在人際交往過程中，必須用心營造人脈網路，並在機會來臨時借助他人的力量獲取自身成功，這一點毋庸置疑也不須迴避。但是，若要使人脈發揮最大的效益，就得使彼此的合作關係建築在「雙贏」這個基礎上。

所謂「雙贏」，即雙方都能夠獲得利益。以雙贏互惠爲合作基礎，不僅會令他人願意伸出援助之手，而且還有利於彼此間下一次合作。

英國政治家迪斯雷利有句名言是這麼說的：「沒有永遠的朋友，也沒有永遠的敵人，只有永遠的利益。」

不論自己與對方的情誼是多麼牢固，如果沒有一定的利益作爲保障，這條人脈往往禁不起歲月和困難的考驗。

因此，對於每一個懂得善用人脈的人來說，考慮對方利益，使自己和他人獲得「雙贏」結局，是使人脈發揮最大效益的關鍵。

日本有位經營旅館的聰明商人，就根據自己旅館的實際情況，別出心裁地想出一種增加收益的好辦法，結果借助客人的幫忙達到了雙贏的目標。

當時，該旅館面臨來客日益增多，但客人休閒活動空間太小的問題。雖然旅館的後山有一大片山坡地還未開發利用，但是若要全面開發並且種植大量樹木，旅館又缺乏足夠的資金。

經過深思熟慮後，這位老闆在旅館內張貼一張海報，上面寫著：「親愛的旅客您好！本旅館後山有片土地，寬闊且幽靜，專門留作植樹的預定地，如果您有興趣，不妨至後山親手種下一棵小樹，本館會派人拍照留念，並在樹前立下木牌刻上您的大名與植樹日期。如果您再度光臨時，這棵樹苗已枝繁葉茂，您看到一定會非常高興，因為它是您親手種植的，紀念性非凡。本旅館僅收樹苗費用日幣二千元。」

這張海報一貼出，許多到旅館度蜜月或結婚週年紀念的夫妻，或畢業結伴前來旅遊的學生，莫不躍躍欲試，每個人都想親手種下一棵屬於自己的樹作為永久紀念。

於是，還不到半年的時間裡，旅館的後山上便種滿樹木。許多旅客回家後還對此事廣為宣傳，很多人此後還不忘常常回來看看自己的傑作，這使該旅館的生意日益興旺，並帶動該地區旅遊事業的發展。

這位老闆之所以成功，就是因爲他採用了雙贏的辦法，使自己借助遊客之力改善後山環境，遊客也從植樹中得到快樂和溫馨的記憶，主客雙方各取所需，自然能使這項計劃順利實施。

人脈經營術也是如此，彼此在互惠互利的基礎上創造雙贏的成果。

社會交換理論創始人喬治·霍曼斯教授曾經寫道：「所謂的『朋友』，就是遇到困難的時候，可以『互相利用』，為彼此解決問題的人。」

想要出人頭地，除了靠自身的實力和努力之外，別人願不願意適時推助一把，往往扮演著決定性作用。如果你想比別人早日成功，那麼，就必須設法建立一套有效的人脈經營策略，並且靈活加以運用。

喬治·霍曼斯教授認爲，人與人之間的交往，基本上就是一種交換行爲，除了情感、精神層次的交流之外，同時也涵蓋利益交換與物質層面的交換，唯有保持互惠互利關係，彼此的情誼才會持久。

其實，不只在生意上的經營是如此，人脈經營也是如此。如果雙方都堅持自己的利益至上，忽略他人的利益，最常見的結果就是雙方皆輸。唯有保持互惠互利的關係，彼此間的友誼才會長久、穩固。

在競爭激烈的現實社會，良好的人際關係，通常是排除各種障礙，順利邁向成功的最重要助力。但是，拓展人際關係網，並不是盲目地交際應酬，而是在各種交際圈裡找對適當的人，用心經營彼此的關係，達到雙贏的目的。

## 輯一 與其單打獨鬥，不如結合盟友

單打獨鬥闖天下是過時的做法，應當互助合作，結合成利益共同體，才能以最小的產出換取最大的回報。

## 輯二 以平常心對待，談話就不會失敗

與名人來往時，對待他們就要像對待平常人一樣。只要有了這種正確的觀念，自然就不會恐懼慌張。

## 輯三 恰如其分地讚美別人

要恰到好處地讚美別人不是一件容易的事，但如果稱讚得體，就能博取對方歡心，快速拉近彼此之間的距離。

輯四

# 亂拍馬屁，小心被踢

拍馬屁要有些技巧，沒有三兩下子可不能亂拍。拍錯了地方，不但話收不回來，人也會被馬踢得連翻幾個觔斗，可就出醜啦！

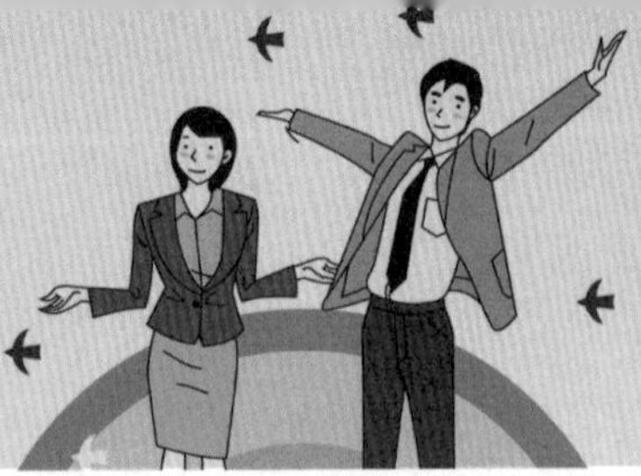

# 輯五　想交朋友，必須先學會「做朋友」

真正的朋友，也許並不是那個對你最好的人，而是在你需要的時候，願意伸出援手的人。

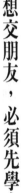

輯六

# 識人不明，小心賠了夫人又折兵

貪婪是人性，好利也是人性，如果不能辨明這些人性，無疑是讓自己時時處於危機之中，萬一遭受背後冷箭攻擊，小心賠了夫人又折兵。

## 輯七　虛張聲勢，讓對手不敢造次

與人周旋、交談時，注意說話技巧與態度，展現出自信，可以有效提高自身壓迫威嚴感與說服力。

PART 1

# 與其單打獨鬥，不如結合盟友

單打獨鬥闖天下是過時的做法，
應當互助合作，結合成利益共同體，
才能以最小的產出換取最大的回報。

# 學會相處是成功的護身符

學會與其他人相處，打好人際關係，可以成為護身符，保護一個人在激烈競爭的險惡社會中平安生存，進而獲得成功。

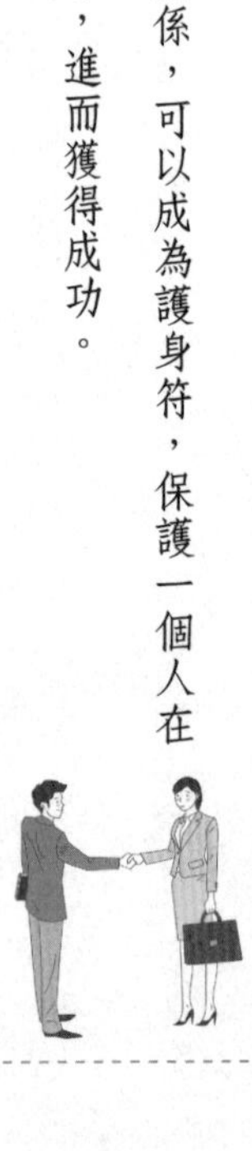

托爾斯泰曾經說過：「人際關係是你在社會上的一種無形資本，如果你想要成功，就不得不使用它。」

的確，一個人想要成功，除了靠本身的實力和努力之外，貴人從旁適時推一把，絕對是重要關鍵。

所謂的人脈，就是關鍵時刻可以派上用場的人；所謂的貴人，就是危急時刻願意伸出手的人。如果你想比別人早日成功，就必須透過靈活的交際手腕，有計劃地填補自己的貴人。

有許多人因爲生來個性較乖僻或者不善言詞、反應遲緩，以致於無法享受友誼之樂，失去許多享受群體生活歡愉的機會，成爲一個孤獨、落落不合的人。對此，他們可能忿忿不平，可能自怨自艾，卻不知道要結交朋友並不難，實現願望並非不可能，只要自己敢於突破藩籬，走出陰影。

不管當下的遭遇或眼前環境有多麼的不順利，多麼的惡劣，你仍然可以讓自己樂觀，透過言行舉止，顯示出自己內在和藹、愉快的精神，影響周遭所有的人，使他們不由自主地靠近。

懂得經營管理人際關係的人，不僅比較受人歡迎，更容易得到別人的扶助，成功的機會自然比較大。

光有「天時」、「地利」還不夠，更重要的是掌握「人和」。想像自己是一塊磁石，能夠將所有人吸引到身旁，這絕對不是空想，只要能在日常生活中善待他人，表現出隨時爲別人著想的態度，就很有可能會實現。

如果希望別人對自己好，就要將心比心、推己及人，先用寬容大度的態度去對待與自己互動的所有人。

應該儘量去說別人的好話，儘量去看別人的好處，不要冷嘲熱諷、事事挑剔。總是爲難別人的人，必定不可能受到支持與信任，會被貼上「不值得信任」、「最好敬而遠之」的標籤。

輕視且嫉妒他人的人，心胸必定是狹隘、不健全的，因爲看不到別人的好處，即便面對著一個衆望所歸的人，仍要設法以種種不實言辭去詆毀對方。相反的，心胸若寬大健全，就能看出他人的好處，並給予眞誠讚揚，使自己與其他所有人都感到自在、快樂。

吸引朋友的最好方法，莫過於表現出自己對別人的關心與興趣。有許多人一生都不能吸引人，總是交不到朋友，就是因爲他們只顧著自己的事，只關心自己，奉行著「獨善其身」的理念，所以久而久之，便失掉了與外界的聯繫，處在社會的邊緣，只能冷眼看世界，完全無法融入。

有一個人緣極差的人，無論走到哪裡，總是不受歡迎，連他自己也搞不清楚原因，感到莫名其妙。例如，他去參加一場宴會，每個與會者見到他，必定退避三舍，當別人縱聲談笑、其樂融融的時候，他卻只能一個人在旁邊乾瞪眼，不知道該如何是好。

事出必有因，狀況究竟是怎麼產生的呢？

從外在條件來看，這個人相當不錯，長得一表人才，能力很強，在職場上也相當受到上司賞識，升遷順暢。但問題就出在態度，他總是只想到自己。

若是一個人只爲自己打算，凡事斤斤計較，不肯吃虧，甚至連與其他人談話時，話題都要圍繞在自己身上，如此自私，怎麼可能會受到歡迎呢？

人際交往是「互相」的，若只有單方面付出，很難維持下去。一個只看得見自己的人必定交不到朋友，但只要稍微調整角度，對其他事情表現出興趣與關懷，氣氛與情勢就可能馬上變得不一樣。

俗話說得好，一個懂得用耳朵的人，必定比只用嘴巴的人更受歡迎，更討所有人的歡心。假使能夠常常設身處地為他人的利益著想，必定將獲得豐厚的回報。

無論人生最大目的是什麼，都要學會與其他人相處，打好人際關係，累積人脈。這種態度將可以成為護身符，保護一個人在激烈競爭的險惡社會中平安生存，進而獲得成功。

# 用尊重換取成功

要想維護他人的自尊心，首先必須先抑制自己的好勝心。越是想要出鋒頭，就越可能讓自己陷入險境，招致禍害。

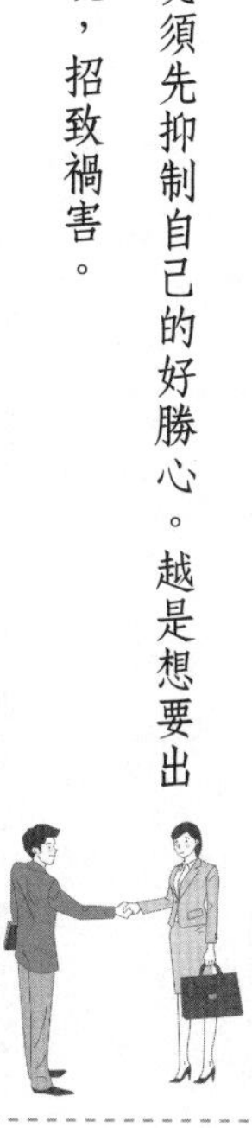

威爾．羅傑斯曾經寫道：「平日多結交一些在關鍵時刻對你有幫助的人，因為，這些人很可能會成為你面臨危機時刻向你伸出援手的貴人。」

一個人想要成功，並不在於本身擁有多少能力，而是在於面臨成敗的關鍵時刻，到底有多少人願意伸出援手。

不論企業或是個人，有效地拓展社交關係，絕對是邁向成功的關鍵密碼，只要懂得花些心思靈活交際，就能順著人脈開拓出成功的道路。

單打獨鬥不適合這個社會，想要成功，很多時候必須倚仗其他人的力量。所以必須用心經營人際關係，多交朋友。

而說起交友準則，有一句古老諺語相當貼切，就是「嚴以律己，寬以待人」。嚴以律己，就是嚴格地約束自己，儘量減少差錯；寬以待人，便是以寬厚容讓、和氣大度的態度與人相處。

宋代文人蘇東坡年輕的時候，有一個朋友名叫章惇，後來當上了宰相，執掌大權。但是，章惇絲毫不念舊情，把持政局時，不僅先把蘇東坡發配嶺南，之後甚至貶至海南島。

後來，蘇東坡遇赦北歸，章惇則因為政爭失利而垮台，被放逐到嶺南的雷州半島。蘇東坡聽到這個消息，立刻寫了一封信給章惇，說道雷州地雖偏遠，好在沒有瘴氣，因此無須太難過，倒不妨多想想將來。

可想而知，蘇東坡如此大度的表現，自然令章惇羞愧不已。蘇東坡的胸懷遠比一般人寬廣，所以對於一個幾乎曾將自己置於死地的人，還願意盡朋友之責。

人們常常說「無毒不丈夫」，但其實以「無度不丈夫」來形容會更好。

另外還有一點要注意的，就是與人相處時，不要傷害他人的自尊。

金錢損失雖然令人不快，卻還是可以設法再賺回來，可萬一自尊受到傷害，問題就嚴重了，甚至無法再彌補。也許最初並無惡意，但往往只由於一句話或一個不經意的舉動傷害到別人，不知不覺爲自己樹立一個敵人。

中山國是戰國時代的小國，有一回，國君設宴款待國內名士，卻沒有準備足夠的羹湯，無法讓全場的人都喝到。司馬子期因為沒喝到羹湯懷恨在心，便為此投奔楚國，用計勸楚王攻打中山國。

楚國相當強大，中山國自然不是對手，輕而易舉就被攻破。

國君狼狽地奔逃，卻驚訝地發現有兩名武士拿著武器一路保護他，他問這兩個人為何前來，他們答道：「我們的父親曾因您賜他食物而免於餓死，因此去世前特地叮囑，要竭盡全力來報答您。」

中山君聽罷，感歎說：「賜與不在多少，而在他人是否需要；結怨不在深淺，在於是否傷了別人的心。我因一杯羹而亡國，卻又因一份食物得到兩位勇士。」

這則典故，清楚點出了自尊的重要。

現在的人，越來越強調個性，好勝心極強，常常非要把事情做「絕」，表現出自己的正確或勝利才罷手。如此，或許滿足了虛榮，卻免不了傷及感情。其實，在一些小事小節上，你大可讓朋友「贏」一把，維護友人的自尊，順便爲自己博得更多好感。

要想維護他人的自尊心，首先必須先抑制自己的好勝心。越是想要出鋒頭，就越可能讓自己陷入險境，招致禍害。

有一個人相當擅長下棋，因此打算找朋友對弈以聯絡感情。棋局開始，他一上手就是一輪猛攻，讓朋友瞻前顧不了後，十分狼狽且緊張。

他還不以為滿足，故意露出破綻，引朋友進攻，他再緊接著使出殺手，還得意地大笑，直說對方太容易被騙。

此後，他每回再與這個朋友連絡，對方總擺出愛理不理的模樣，更不肯與他下棋，他卻始終不明白原因。

想想，這個人究竟做錯了什麼？

本來應該是一場輕鬆、愉快的友誼賽，卻搞得緊張不堪，贏了棋卻失去了友誼，實在划不來。由此可見，要交朋友，就要寬心待人，並抑制自己的好勝心。

沒有尊重就沒有友誼，好像沒有基石便不可能築起大廈。

那麼，尊重該從何開始？經驗證明，只有在自尊自愛的基礎上才能誕生。

以自尊自愛爲基礎，自然也就懂得尊重自己以外的其他人，尤其在出現無可避免的意見分歧時。友情的眞正可貴之處，在於既能夠尊重對方，取得共識，也不傷害各自的獨創性。

# 審慎選擇朋友，受用無窮

真正的朋友就該像從數萬首唐詩中精選出來的「三百首」，讓人百看不厭，每讀一次就又有一些新的收穫。

活在競爭劇烈的社會，一定要有經營人際關係的概念，細心尋找自己的貴人，透過靈活的交際手腕，用心經營有效的助力。

結交朋友，可以不拘一格，甚至彈性地做一些不同區分，但不可否認的，「朋友」畢竟象徵了一種特定的關係，具有一定的內涵和意義，因此不可能隨便就把一個陌生人稱之爲朋友。

說到交友，應該遵循以下四大準則：

### •不僅僅是「人以群分」

常言道「物以類聚，人以群分」，確實，根據心理學家的研究，「物以類聚」確實是人之本性。

也就是說，交情很好的朋友可能有某種興趣、愛好相同，或性格、氣質相投，又或者懷著相似志向，相近的待人接物態度。總之，必然具備某種共同點，才容易成爲朋友。

和那些有相似之處的人成爲朋友的可能性雖然高，但爲了開闊視野、挖掘對新事物的興趣，與和自己氣質、經歷、趣味都恰恰相反的人交朋友也不是壞事，更能加深自己對某些事物的認識。

不受「物以類聚，人以群分」的限制，可以大大擴展選擇朋友的範圍，對自己絕對有利。

### •在互動中累積情誼

有的人因爲朋友少，沒有人可溝通交流而感到孤獨，或者感到自卑，深怕被誤解爲難以接近的人。也有一些人，把朋友當成一種多多益善、可供炫耀的「資本」。

出於上述目的，總有人殫精竭慮地設法結交「朋友」，但這種做法實際上是對友誼的褻瀆。正確的交友觀，應當是在交往互動中，一點一滴建立起關係。只有透過不斷的交往，才能讓彼此深入瞭解，取得互相信任，透過逐漸地相識相知，隨時間推移，自然水到渠成。

宋代文人蘇軾在《亡妻王氏墓誌銘》中曾寫道：「其與人銳，其去人必速。」意思是說，與人相交，一開始就十分殷勤的人，與人疏遠的速度必定也極快。

這句話相當有道理，值得我們謹記在心。

### •朋友在「精」不在「多」

每個人的一生中，遇上可能成爲朋友的人選其實很多，其中有些確實會成爲朋友，有些則失之交臂；有的是「貨眞價實」，有的則不過「濫竽充數」。出現這種局面的主要原因，正是在交友過程中忽略了「精選」這一個環節，不是被動地接受，來者不拒，多多益善，就是主動出擊，不分良莠一概搜羅。但事實上這兩種態度都不正確，背離了交友的眞正意義。

交友的策略之一，就是要懂得「精選」，選擇那些眞誠寬厚、知識博淵的人，以求在各自的事業上互相幫助，共同精進提高。同時，「篩」掉那些懷著某種功利目的，只想求取權勢或利益的人。

交友在「精」不在「多」，眞正的朋友就該像從數萬首唐詩中精選出來的「三百首」，讓人百看不厭，每讀一次就又有一些新的收穫。

### •及時「催化」或「降溫」

在與人交往過程中，常常會遇到這種情況：對有些人雖然是第一次見面，卻一見如故，大有相見恨晚之感；對某些朋友，雖然交往時日不短，卻慢慢發現此人不宜過於深交，逐漸想要疏遠。

該如何處理這種局面呢？

這時候，就必須運用「催化」或「降溫」辦法，以改變雙邊關係。

「催化」以及「降溫」，都是在交友過程中經常運用的策略。

對相見恨晚之人，不妨主動與之接近，尋找各種機會聊天，一起活動，加深對彼此的瞭解、信任，增進友誼。

相反的，一旦發現原來的朋友可能是勢利小人，或斤斤計較之輩，甚至與自己結交只是出於某種功利目的，可是直接斷交又不太妥當，就該選擇逐步「降溫」，一點一點不著痕跡地疏遠。

## 建立正確習慣，交友無負擔

真要建立圓滿、有意義、有益處的人際關係，就不能只專注在自己的利益上，更不能讓對方覺得你是個見利忘義的人。

交到好朋友，一生受用無窮，若是交友不慎，則遺害深遠。切記秉持守則，對自己的交友狀況嚴格審核、把關。

前面提到，選擇朋友有四個原則，更進一步來說，在和朋友交往的態度上，則應該秉持五條準則。

- 沒有負擔地交往

「我是一個窮學生，所以多半都讓別人請我吃飯。」

「我都住在朋友家，因爲離學校比較近，反正他的房子空間很大。」

一旦說這樣的話成爲習慣，不假任何思索，就要當心了，因爲那代表著逐漸成爲對方的負擔，自身卻渾然無所覺，是一件相當糟糕的事情。

朋友之間的交往應該根基於平等互利原則，如果不留心超越了這條界線，就該自覺並向對方致歉。要記住，什麼事情都是互相的，單方面掠奪或者付出，關係必定不能健全、長久。

### ・不能過於依賴朋友

生活上、工作上、感情上遭遇煩惱的時候，你會先找誰談談心裡話呢？相信對很多人來說，比起父母、兄弟，會更期望找自己的親密朋友傾訴。

確實，朋友往往可以眞正理解自己的痛苦，並給予建議和安慰，但別忘了他們也是人，也有煩惱與負擔，甚至是經濟上的困難。當自己苦惱的時候，向朋友說說心裡話，聽聽對方的意見，確實是件好事，但最後得出結論並執行的一定是自己。

不要讓朋友肩負過多的負擔，如果抱持著「因爲是朋友，應該給我幫助」的觀念，那就實在過分了。

## ・不要有金錢的借貸關係

作爲朋友，當對方遇上困難，幫他一把是理所當然，但若和金錢有所牽扯，最好別衝動下決定，好好考慮爲妙。

爲什麼呢？原因很簡單，金錢是一種很「危險」的東西，容易蒙蔽人的理智，使態度行爲改變。

社會上不乏因爲金錢糾紛導致好朋友反目成仇的例子，相信你一定曾經聽過，甚至耳熟能詳，不感陌生。如果想要穩固經營與朋友的關係，就最好不要有任何金錢往來，以免最後產生始料未及的糾紛。

若眞的無法避免金錢上的借貸，則一定要清楚寫下字據，記錄金額與歸還時間，訴諸白紙黑字並切實履行。

## ・優先考慮朋友的立場

如果一夥人正在一起談論一件大家都很關心的事，卻突然有人插話，自顧自地講起個人私事，如此非但無法引起關心，必定還將招致反感。

例如，有一群平日感情甚篤的好朋友，時常相約聚餐，大家都在圖書出版領域工作，其中包括有出版社的美術編輯、文字編輯，負責批發書籍的經銷人員，還有專職寫稿的作者。

一回，正當大家天南地北聊得開心的時候，那在經銷公司工作的人突然說：「可不可以換個話題？談談大家接下來的出版計劃吧！」

當時的氣氛實在不適合提出這樣的請求，現場馬上安靜下來，所有人都陷入尷尬的沉默，原先在說話的人全都閉上嘴，傾聽的人也一臉不知所措。

好端端的一場聚會，就在令人難過的氣氛之下匆匆結束。

人際關係需要靠互諒來維護，若是只執著自己的立場，必定會破壞彼此的交往。與朋友交往的時候，應該多替他人著想，配合氣氛及場合調整自己的應對，才不至於掃了大家的興致。

交朋友是一件有益的事，但若真要建立圓滿、有意義、有益處的人際關係，就不能只專注在自己的利益上，更不能讓對方覺得你是個見利忘義的人。

• 少敲朋友的竹槓

有一個人，只要碰上朋友相約聚會，一定搶先帶領大家到處吃吃喝喝，但卻從來沒有付過一毛錢。

朋友們都以爲他必定是收入不固定，手頭不方便，因此總睜一隻眼、閉一隻眼，不予計較。直到有一回，大家無意之間提起了收入的話題，很意外地發現他雖然收入不固定，但仍比一般上班族要寬裕許多。

當場，所有人都目瞪口呆地說不出話來，雖然沒有表示什麼，也沒有要求討回付出的錢，但心下全都暗嘆自己識人不清。

偶爾讓朋友請客本來不是什麼大不了的事，但至少應該做到禮尚往來，不要把別人的好意看成理所當然，不要使敲竹槓變成習慣。

## 適度坦白讓你更討人喜愛

坦白說出自己的負面情緒或私事，可以讓聆聽者感覺被信賴，自然也會同樣的信賴你。

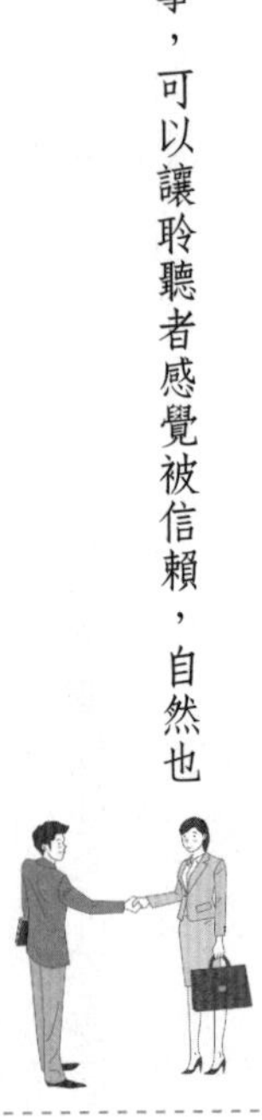

大學剛開學，一群久未見面的年輕人聚集在教室裡聊天，其中一個女學生對鄰坐的朋友說：「我跟男朋友分手了。」

她的朋友一聽，瞪大了眼睛問：「爲什麼呢？有什麼問題嗎？」

這個女生搖搖頭回答道：「他不夠坦白。」

看到這裡，是否會有所疑惑？難道單單「不夠坦白」四個簡單的字，就足以成爲感情的殺手？

是的，答案是肯定的，千萬別輕忽了「坦白」兩個字的重要性，無論面對的是友情、愛情，或者其他的人際互動關係。

不坦白，就表示不夠眞誠，別人只覺得霧裡看花，看不清眞實的狀況，不了解你的個性和想法，自然不敢輕易託付感情。不僅戀愛中的男女如此，一般人交朋友，也總是希望可以「交心」。

然而，換個角度來看，又會產生不同的問題。坦白眞的是好事嗎？將一切都一五一十說分明，會不會反而遭到有心人利用，傷害自己呢？

必須謹記一個道理：任何事情都有正反面，端看自己如何解釋、如何運用，以及如何保護自己。

很多人在交朋友的時候，願意「坦白」自己的私事，是爲了使雙方的感情獲得平衡，進一步鞏固彼此的關係。

這樣的例子可說屢見不鮮，無論在學校或職場。兩個同班同學，原本交情不是很深，某天，其中一人忽然對另一人說出自己家中遭遇的不幸，彼此因爲有了共同的秘密，很快成了親密好友。

一位平日相當難以親近的主管，忽然有一天向某位同事傾訴心中的不愉快，使得原來對他敬而遠之的同事從此一改態度，表現得親切貼心，和他成爲朋友。

坦白說出自己的負面情緒或私事，可以更容易找到感情的平衡，讓聆聽者感覺被信賴，自然也會同樣信賴你。

當然，這種坦白並不是百無禁忌，請一定要先確定對方是個可靠誠懇的人，否則一番告白非但收不到效果，甚至可能不用一天時間就傳遍天下。

人與人的想法、價值觀難免不同，容易造成彼此之間的差異和距離。這種時候，如果能將自己的資訊灌輸到對方的腦中，使得雙方的認知達到平衡狀態，那麼溝通就會變得容易，讓感情自然而然產生互動交流。

# 選對最省力的切入點

趨炎附勢總不是一件好事，一味地向當權當紅的人靠攏，只會大大地傷害自我人格，壓抑良知。

在社會上打滾，總難免會遇上許多勢利的人。

如果今天你是某公司的主管，前途一片大好，必定有一群趨炎附勢者圍在身邊。明天，若是遭到什麼變故丟了工作，走在街上碰見過往跟在前跟的人，他們必定看都不看你，因爲你已經不具備可利用價值。或許你會對此感到生氣，但卻無濟於事，因爲現實世界便是如此。

一般人求神問卜總是要到香火最鼎盛的廟宇去，原本冷清的寺廟就更加無人問津，無論所供奉的神靈是否也神通廣大。想想，這不也是一種相當有趣的現象，和以上的例子有異曲同工之妙。

趨炎附勢總不是一件好事，一味地向當權當紅的人靠攏，只會大大地傷害自我人格。與其擠在大群信眾中盲目地向神明進供，倒不如考慮關注一下那些不被重視的冷廟，說不定可以得到更多庇佑。

冷廟的神靈平時備受冷落，這時候適時進供的一炷香必定會讓祂們心存感激，大顯神通保佑你。或許，有那麼一天，冷廟變成了「熱廟」，神明們心中必定還是不會輕易忘了你。

成功的方式有很多，條條大路通羅馬，雖然難易、風景、距離各有不同，卻都是可以被信賴的方式。

所以，想要當一個成功的人，不想只是在社會載浮載沉，就應該培養智慧，自己拿出更靈活的頭腦與眼光，在經營自己的人際關係時，從與眾不同的角度下手，成功自然手到擒來。

# 有心，忘年也可以有好交情

水若是太清，連一點雜質微生物都沒有，魚也就不來了；人若是太挑剔，過分苛求，別人也就不敢接近了。

交朋友，追求的是志同道合，如果彼此之間毫無共同語言，也不存在著共同目標，那根本不可能產生共鳴，自然也成不了好朋友，所謂「道不同，不相爲謀」，說的正是這個道理。

任何生命，都有屬於自己的獨特特徵，身爲萬物之靈的人當然也不例外。若能在某些獨特的地方呼應，產生同樣的情感與意向，就可能成爲知己，而不論原本的身分或條件相差有多麼遠。

東漢末年的一對好朋友孔融和禰衡，年齡相差三十歲，世稱「忘年之交」；三國時東吳的少年都督周瑜，和老將程普、黃蓋之間也有很深厚交情。

性格不同，照樣可以成爲好朋友。就以中國古代名人爲例，宋江和李逵、劉備和張飛這樣的組合不勝枚舉。

這種朋友組合中，一個談吐文雅、彬彬有禮，一個舉止粗野、形跡不拘；一個胸有城府、老成持重，一個頭腦簡單、莽撞豪爽；一個滿腹經綸、知書識禮，一個赳赳武夫、胸無點墨。然而，他們卻都是金蘭相結、生死相交、情同手足、患難與共的好朋友。

德國近代有兩位知名的詩人，歌德和席勒，多年相處在一起，興趣相同，朝夕伴讀，互相切磋，互相影響，留下許多共同合作寫成的詩句。

年齡、閱歷和經驗都屬於文化、修養、智慧的累積，同時也是一種蘊含了人生哲理的「活學問」，而忘年之交的益處，就在於年少者可以請教於年長者，豐富自己的知識，開闊自己的眼界。

換個角度來說，年長者也需要和年輕人相處、交流，幫助自己不和社會時代脫節，吸取更多的新觀念。

中國有句古話說得相當好：「水至清則無魚，人至察則無徒。」意思是說，水若是太清，連一點雜質微生物都沒有，魚也就不來了；人若是太挑剔，過分苛求，別人也就不敢接近了。

西方同樣有句諺語：「誰要求沒有缺點的朋友，誰就沒有朋友。」交一個朋友就等同讀一本書，所以若能交到一個人品、德才、學識都更優於自己的朋友，有說不清的好處。

交友全在一心，年齡上的差異，或者身分、經濟條件上的差異，都不能構成阻止人與人之間交往的條件。

# 與其單打獨鬥，不如結合盟友

單打獨鬥闖天下是過時的做法，應當互助合作，結合成利益共同體，才能以最小的產出換取最大的回報。

美國成功學大師戴爾．卡耐基經過長期的研究得出結論：「一個人的成功，十五％歸功於他個人的能力，八十五％則要歸功於他的人際關係。」

確實如此，良好的人際關係，通常是幫助我們排除萬難，順利邁向成功的最重要助力。

掩飾自己的眞正想法，只保持表面的一團和氣，這樣的合作關係對雙方來說都是有害無益。在一定共識下維護共同的利益，才能相互信賴、長久發展。

單打獨鬥的時代已經過去了，現在的商業競爭傾向於團體合作，建立利益共同體。但關係對象的選擇必須審慎，並不是說只要找到合適的合作夥伴就可以，過程之中，還有許多問題應當注意。

首先，既然成了合作夥伴，彼此之間就要平等的合作關係，以及民主協商的管理方式，不論自身在共同體系中所佔位置有多重要，都不能以老大自居，以免破壞感情，進而會影響整體合作關係的維繫和利益。

結盟企業之間若有任何建議或意見，都應該在民主平等的情況下進行積極交流，透過積極鼓舞，使所有成員各盡其力。

當然，民主之外，還是必須有一個核心領導者，否則必定造成群龍無首的局面，使共同體失去應有的凝聚力，分崩離析，名存實亡。

其次，既然身處利益共同體中，自然應秉持「有福同享，有難同當」精神，切不可過分自私，爲一己之利而置群體利益於不顧。

一九九〇年代初期，中國大陸東北的免洗筷工廠幾乎佔領了絕大部分的日本市場，但價錢卻始終被日方壓得很低。為了保護自己，爭取應得利益，所有工廠決定聯合起來與日本談判。

這本是件好事，成功可能性也相當大。眼看著日方就要接受條件，卻沒料到局面忽然產生大逆轉——有一家工廠竟為了一己之利，私下與日本方面交涉，願意把價格降得更低。結果是可以想見的，談判草草收場，價格再度遭到打壓，甚至造成好幾家工廠就此倒閉。

不可否認，在商場上「有福同享」容易，「有難同當」較難。但既然決定以團隊方式作戰，就一定要肩負起責任，彼此分享利益，共同抵禦風險。

那麼，要如何凝聚向心力呢？

這並不是一件容易的事情，一方面要倚靠領導者的協調能力，另一方面則看所有人是否懷抱同樣強烈的信念與堅持。

單打獨鬥闖天下是過時的做法，想要適應這個瞬息萬變的社會，應當互助合作，結合成利益共同體，才能以最小的產出換取最大的回報。

# 大事化小，小事儘量打消

化解爭執不代表放棄原則，而是用更成熟的態度應對，用最大誠意去解決所有遭遇到的不快。

一八五五年，列夫．托爾斯泰在聖彼得堡認識了屠格涅夫，兩人意氣相投，很快成為了好朋友。

一八六一年，屠格涅夫的《父與子》正式完稿，邀請托爾斯泰蒞臨鑑賞。午餐後，托爾斯泰因為午休，無法鑑賞稿子，醒來後發現屠格涅夫已經逕自出門。

次日，兩人到費特家做客。席中，屠格涅夫稱讚女兒的家庭教師教女兒為窮人著想，為慈善事業捐款，不料托爾斯泰頗不以為然，竟帶著諷刺的口吻說：「我沒想過一位穿著華貴的小姐，膝上放著窮人破爛的衣服，表演一幕不真實的舞台劇，也可以得到讚賞。」

屠格涅夫一聽，登時怒不可遏，大聲咆哮：「這麼說，我把女兒教壞了？」

托爾斯泰自然也不甘示弱，繼續回敬，兩人不僅吵得面紅耳赤，後來甚至大打出手，從此斷絕往來達十多年。

一八七八年，托爾斯泰在內疚且不安的情況下，決定採取主動，寫信向屠格涅夫致歉，信中說道：「我對您沒有任何敵意，但願您也是這樣。我知道您是善良的，請原諒我的一切。」

屠格涅夫收信之後立即回信：「收到您的來信，我深受感動，我對您沒有敵意，只剩下深深的懷念。」

兩人好不容易總算重修舊好，但事隔不久，關係又險些出現危機。好在不經一事不長一智，這一回，他們至少知道該如何正確化解。

事情經過是這樣的：這一年，在托爾斯泰的熱情邀請下，屠格涅夫前往對方的波良納莊園作客。在打獵途中，屠格涅夫發現一隻山鷸，立刻瞄準並開了一槍，接著大喊：「打中了！快點讓狗去撿！」

狗回來了，卻一無所獲。「說不定只是受傷而已，沒有直接命中。」托爾斯泰說：「如果打死了，狗不可能找不到。」

「不對，我看得清清楚楚，肯定是死了。」

雖不至於吵架，但兩人心理都不太舒服。當天晚上，托爾斯泰命兒子再去仔細搜索，總算把事情弄清楚，山鷸的確被打中，但卡在樹枝上。

人與人的相處總難免摩擦，這時如何做到大事化小、小事化無，就是對智慧的最好考驗。化解爭執不代表放棄原則，而是用更成熟的態度應對。冤家宜解不宜結，想要靈活處世、左右逢源，就應該用最大的誠意去解決所有遭遇到的不快。

# PART 2

# 以平常心對待，談話就不會失敗

與名人來往時，
對待他們就要像對待平常人一樣。
只要有了這種正確的觀念，
自然就不會恐懼慌張。

## 穩固人際關係，為成功打好地基

語言是人與人交流思想、資訊和情感的工具，所以應審慎應用，千萬不要用惡語損及自己與他人的關係。

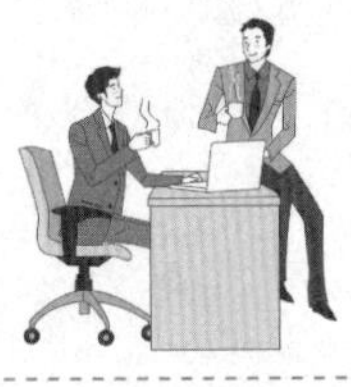

穩固的人際關係是獲得事業成功的基石，所以千萬不要小看這一方面，更要隨時隨地留心與每一個人的互動情形。把人際關係打好，就等同爲成功建立最穩固的地基，對自己有益無害。

想要成功地營造自己的人際關係，應該熟悉靈活處世之道，與人交往互動時，應極力避免觸犯以下幾個錯誤：

- 不要言而無信

爲人處世，信用兩字相當重要。古代君子強調「一言既出，駟馬難追」、「一諾千金，一言百繫」，便都是著重在一個「信」字。

還有一句諺語說「言必信行必果」，則點明了信用的內涵。這是一種對自己、對他人、對事業都負責的態度，也是在社交圈中必須樹立的形象。

不講信用的人，在現代社會中所在多有，這類人非但不值得信任，更不值得投入心力與時間經營、交往。

人際交往，貴在一個「誠」字，只要掏出心來，便能夠彼此靠近。在背後造謠生事、蜚短流長的行爲，不但會破壞一個組織的團結，傷害朋友之間的情誼，甚至還會釀成環境的不安定，同時象徵了個人品行的低下。

因此，在社交生活中，我們一定要注意做到以下幾點：

1. 不傳播不負責任的小道消息。
2. 不要主觀臆斷，妄加猜測。
3. 對朋友的過失不該幸災樂禍。

4.避免干涉別人的隱私。

## •不隨便發怒

喜怒哀樂本是人之常情，但必須控制在一定限度以內。心理學研究指出，隨便發怒，就人與人的互動來說，會傷害和氣與感情，損及熟人之間的信任和親近。

抑制怒氣是個人理智戰勝感情衝動的過程，而所謂理智，恰好是彬彬有禮者應具備的特有標誌。

常聽人說「江山易改，本性難移」，似乎認爲愛發怒是與生俱來，無法控制，其實是一種誤解，想要讓自己的人際關係更圓融，就必須改善易怒的缺點。

大多數人都會下意識地對自己的行爲、信念和感情辯解，因此不知不覺中把自己置於其他人之上，強求所有人來適應自己，同時把自己的意志強加於他人。

這種不能以平等態度對待自己和別人的心理，會透過許多不同的互動關係表現出來，這樣的人容易對同事和下屬發怒，也會對妻子兒女專制，認爲所有地位身分

或輩分較低下的人都應該聽命行事，順從自己。

由此可見，隨便向人發怒，絕對是一種不尊重且不講文明禮貌的行爲，無論產生的原因爲何，都應該設法改掉。

## ●不要任意為他人取綽號

綽號就是外號，依據每個人的特點而產生。

綽號象徵的涵義各有不同，例如稱英國前首相柴契爾夫人爲「鐵娘子」，是帶有褒意的美稱，類似的綽號會讓所有人都樂於接受。相對的，如果是帶有侮辱性的綽號，那就會讓人心生不悅。

有的綽號源自人天生的生理缺陷，例如「矮子」、「肥豬」、「黑鬼」等等，就相當不雅。爲他人取這樣負面的綽號，無異於揭別人的短處，對當事人造成心理傷害，無異於人格的侮辱。

若是有人替你取了不當的綽號，不妨平淡以對，不予理睬或一笑置之，如此可以避免繼續流傳，將傷害減低到最小程度。

## •不要惡語傷人

惡語，是指那些骯髒污穢，意在奚落挖苦的語言。

良言一句三冬暖，惡語傷人六月寒。惡言中傷是最不道德的行爲，對自己、對他人都不會有任何好處。

說話時，絕對要注意所運用的言辭和口氣，盡可能避免給人粗野的感覺。輕蔑粗魯的語氣使人感受到侮辱，驕橫高傲的態度使人與你疏遠，憤怒粗暴的表現則有可能將事情的演變導向不好的方向。

語言是人與人交流思想、資訊和情感的工具，所以應審慎應用，千萬不要用惡語損及自己與他人的關係。

## •不要嘲笑別人的生理缺陷

生理上存在缺陷的人，一般都較爲內向，交際範圍小，並時常常常感到自卑、失望，與人有隔閡。

這些沉重負擔會使他們格外看重精神性的需要，特別渴望真誠的友誼、尊重、信任和感情。同理，當受到別人的嘲笑、冷落或不信任、不公平對待時，也更容易引起委屈、哀怨等情緒。

與正常人相比，生理上有缺陷的人會碰到更多、更大的困難，來自許多方面，包括學業、工作、日常生活以及職業等等。

對待這樣的人，需要付出更大的關心、幫助、支援和鼓勵，他們在感動之餘，會以更大的誠意回報。

# 善用談話技巧獲取他人好感

若能把握各種談話方式，在各種交際應酬場合適當地運用，會讓口才更加出眾，也能加深他人對自己的好感。

活在商業社會，人免不了要從事各種交際應酬，尤其是身爲領導者或高階主管，面對這類場合的機會更是多。

應酬的對象可能是客戶，可能是一同合作的廠商，也可能是自家公司的同事或上司，但不論對象是誰，這些人對你在事業上的成功與否，都有一定的影響力。也許能因此拉到一個大客戶，也許能藉此加強合作夥伴對自己的好感，甚至可能因而得到升遷的機會。

因此，應酬的技巧是成功人士必備的一項技能。

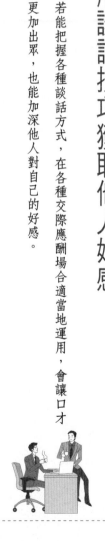

成功的應酬技巧，是指在各種場合中都能應付自如，其中最重要的就是談話的技巧。若能把握各種談話方式，在各種交際應酬場合適當地運用，會讓口才更加出色，也能加深他人對自己的好感。

以下列出幾種常見的談話方式：

### 一、傾吐式

這是最強烈的情感和思想交流方式，它是以說話者對聽話者的強大信賴爲基礎，將自己的喜、怒、哀、樂，以及種種打算與計劃全部告訴對方，讓對方幫忙評判這些想法。在這種談話方式中，自己擁有說話的主動權，對方多半是被動地反應，或許會受到激勵而奮發進取，或許能得到教導而悔過自新，或許會因此敞開心扉，伸出熱情的友誼之手。

### 二、靜聽式

與傾吐式相反，靜聽式是在被動中贏得主動，特別是在把握不了對方思路的時候，靜聽的方式能幫助自己爭取時間、理清頭緒。

靜聽不代表就是靜止不動，而是要隨著對方的情緒與談話內容，或點頭、或微笑、或做個手勢與面部表情，表達自己的想法，並引起對方的注意，引導談話的方向，對方也可以在這些簡單的示意中得到安慰或力量。

### 三、判別式

在交談中，抓住對方談話的空隙，恰如其分地插話，以表達自己的看法，這有益於促進思想與情感的交流。

值得注意的是，評判要適時、適度，如果粗暴地打斷對方談話或不負責任地妄加評論，只會損害自己的形象，造成往後交流上的障礙。

### 四、啟迪式

談話對象有伶牙俐齒和沉默寡言之分，因而交談方式也應有所區別。

若談話對象拙於言詞，就要循循善誘，多方面進行啓發，好讓對方吐露心聲。

交談時，一定要注意用詞的柔和與婉轉，或拋磚引玉、或旁敲側擊，切不可急躁從事、大放厥辭。

五、靈活式

在非正式的場合中，主題單一的談話是很少見的，多半是一些人聚在一起閒聊，沒有固定的題目和目的。鑑於這種情況，談話時要注意話題的轉換，並且透過不斷地變換話題，找出大家都感興趣的話題來談。

在這類型談話中，千萬不可不顧他人，只談自己的話題。

六、間休式

就像中篇小說要分章節一樣，耗費較長時間的談話也要注意間歇休息，因爲體力上的疲憊往往會導致思維混亂，精力充沛則有助於談話的成功。所以，在較長時間的會談中，要有適度的休息。

但是在間歇時，不要使氣氛變得尷尬或難堪，可以一同看看報刊、聽聽音樂、下下棋，這都能保持原有的融洽氣氛。

七、加強式

這是對判別式談話的補充。交談時，雙方可能都會說出一些不太成熟的想法，有不少人對此漠然看待，這實在不是正確的態度，有一些新奇獨到的主意可能因此被埋沒。

正確的做法應該是，密切注意對方提出的新觀點，同時多動動自己的腦筋，共同進行一番創造性思考。透過彼此交換意見的方式，使對方的觀點更加成熟、更加完善，從而使雙方都能受益。

# 避開忌諱話題，使談話順利

交際應酬中的問話目的，是要引起雙方的興趣，以使交談順利、愉快，而不是要使任何一方難堪。

在交際應酬的談話中，要注意許多「忌諱」。交談的話題若觸及這些「忌諱」，就會使場面變得相當尷尬，無法轉移話題時更讓彼此難堪，若是對方脾氣暴躁一點，說不定還會因此翻臉。

這樣的交際應酬不但無法帶來好處，還會使彼此關係變得惡劣。

例如，如果對方是同業，就絕不可問他的經營情況，因爲每個人或多或少都有些「同行相忌」的毛病，況且營業情況更屬企業機密，所以若問同行業者的公司內部情況，實在是相當不明智的行爲。

此外，若是跟對方提及另一個與他站在敵對立場的人或企業，也是不恰當的，這樣的話題易使對方誤以爲你心存挑釁，容易引起紛爭。

還有幾個應酬談話中的「忌諱話題」是不可不知的。例如，不可問對方首飾的價錢，不可問對方的業績，不可問女子的年齡，不可詳問別人的家世，不可問別人用錢的方法，不可問別人工作上的秘密……等等。

曾有位成功的領導人說：「倘若我不能從任何一個見面的人那裡學到一點東西，就是我處世失敗。」

這句話相當發人深省。換句話說，應酬中的問話不僅可以打開談話局面、交流彼此間的情感，更可以藉此增加自己的見識。

問話是表示虛心、表示謙遜，同時也表示尊重對方的意思，一個肯坦白求教的人，最能取得別人的歡心。因而若對於一件事情不明白，就不妨放下身段請教別人，自作聰明是最吃虧也愚蠢的做法。

但是要怎麼問呢？這問題也值得研究。

問話的方法有很多種，成效自有高低的分別。高明的問法使人心生喜悅，而愚蠢的問話只會令對方啼笑皆非，甚至產生反感。

還有，問話的內容也要詳加考慮，除了要避開種種「忌諱話題」，還要注意談話的場合與對方的身分地位。

總而言之，在交際應酬中，凡對方不知道或不願讓人知道的話題，都應該設法避免。因爲，應酬中的問話目的，是要引起雙方的興趣，以使交談順利、愉快，而不是要使任何一方難堪。

要能令答者起勁，同時也能增加自己的見識，這才是高明的問話技巧。

# 將錯就錯，「幽」自己一「默」

當自己的名字被叫錯時，不妨放寬心，「幽」自己一「默」，用詼諧的方式化解尷尬氣氛。用有趣的指正方法，就能解除對方的難堪。

在社交場合中，有些狀況會令雙方相當尷尬，其中常見的狀況之一就是對方弄錯了自己的名字。特別是在一個團體中，若有其他人的名字和自己很相似，就更易發生張冠李戴的現象。

若是被當面叫錯名字，不論是誰都會覺得不舒服。可是當事者在那一瞬間的不同反應，將會造成極端不同的結果。

若是反應快、能解除雙方的尷尬，不但能緩和當時的氣氛，對方也會因爲你寬宏大量的態度，因此心生好感。相反的，若是因爲被叫錯名字而心存芥蒂，使場面僵持不下，不僅自己不愉快，也妨礙了彼此之間的交流，甚至可能因此失去了一個未來的合作夥伴。

因此，當自己的名字被叫錯時，不妨放寬心，「幽」自己一「默」，用詼諧的方式化解尷尬氣氛。

例如，曾有個名叫「王立」的人被誤叫爲「吳立」，但是，他的反應很快，立即回答說：「我是王立呀！叫『無力』也太可憐了一點。不過我的名字實在很普通，難怪不好記。」

用這種有趣的指正方法，就能解除對方的難堪，也緩和了氣氛，結果皆大歡喜，彼此間的交情自會更加融洽。

一個經常跟自己碰面的人，卻搞不清自己的姓名，當然是件令人不愉快的事，可是，這也不是什麼難以忍受的事吧？

既然對方記不清楚，乾脆再報一次姓名就好，而且爲了加深對方的印象，應把自己的外表特徵和名字連在一起告訴對方，這樣自然不易再發生叫錯名字的情況，對方也會感激你體貼的心意。

一時疏忽而弄錯姓名的事，其實屢見不鮮。其中有很多是未把對方的姓名和外貌記清楚，才造成張冠李戴的錯誤情況。

無論如何，對被弄錯姓名的人而言，如果不想辦法令對方記住自己，以後仍會經常有不愉快、尷尬的情形發生。

因此，想要擁有和諧而廣泛的人際關係，最好的方法就是把自己外表的特徵和名字連在一起，用詼諧幽默的方式告訴對方，這樣對方自然會對你留下深刻的印象，之後就不易再發生叫錯名字的情況了。

# 道歉是挽救關係的最佳辦法

若是犯了錯，就要儘快道歉、勇於道歉，這是彌補自身錯誤、挽回彼此關係的最佳辦法。千萬別因羞於開口道歉，使彼此關係更加惡化。

在交際應酬的場合中，即便說話行事再小心，也難保永遠不會犯錯或是不小心冒犯了對方，因此，人人都應該學會道歉。誠心的道歉不僅可以彌補破裂的關係，甚至還可能因此增進彼此的感情。

道歉的方式有許多種，最常見和需要注意的地方有以下幾點：

一、如果自覺說不出道歉的話，可以用別的方式來代替。

例如，一束鮮花與小卡片可使前嫌盡釋；把一件小禮物放在對方的位置上，可以表明悔意……等。即便道歉的話說不出口，只要多發揮一點創意，一樣能用替代的方式獲得對方原諒。

二、切記道歉並非恥辱，而是眞摯和誠懇的表現。大人物有時也得道歉，像邱吉爾起初對杜魯門的印象很差，但他後來告訴杜魯門說自己以前低估了他，向他表示歉意，而他的坦白與誠懇的道歉也贏得杜魯門的好感。

三、應該道歉的時候，就馬上道歉，越耽擱就會越難啓齒。

四、如果自己沒有錯，就不要爲了息事寧人而去道歉，這種做法對任何人都沒有好處。同時要分清「深感遺憾」和「道歉」這兩者之間的區別，有些事可以表示遺憾，但不必道歉。

五、有時候光是嘴裡說「對不起」是不夠的，還要附上書面的道歉信，因爲寫在紙上的比嘴裡說的更有分量。因此，必要之時，可以寫一封道歉信給對方，表達自己由衷的歉意。

六、要給對方發洩心中不快的機會，讓對方罵你，將心中的怒氣發洩出來，這是挽回情誼的好辦法。若將不滿堆積在胸中，會使對方的怒氣長久不散，這就很難與對方重修舊好。

七、有時要刻意誇大自己的過錯。因爲，犯錯者越是誇大自身的錯誤，對方越會覺得你確實有悔意，也就願意原諒你犯下的錯誤。

八、多採取具體的補償行動，像是送點小禮物給對方、請對方吃飯等都不失爲一項好辦法，具體的行動更能表現出自己的誠意。

九、在道歉時要讚美對方心胸寬大，因爲多數人受到這樣的讚美之後，都會不好意思再追究下去。

總而言之，若是犯了錯，就要儘快道歉、勇於道歉，這是彌補自身錯誤、挽回彼此關係的最佳辦法。

千萬別因羞於開口道歉，使彼此的關係更加惡化了。

# 說「不」也要維護對方顏面

在拒絕別人請求時，態度一定要謹慎、真誠，使對方了解你的苦衷。

一次成功的拒絕，可能會為將來的重新握手播下希望的種子。

在商場的人際交往中，爲人所求時，說「不」還需要多花點心思、多用點技巧，既要達到拒絕的目的又不能傷了和氣。

若是處理得不好，讓對方覺得你是在刻意刁難他，或是損及對方自尊，那彼此間的交情也就斷送了。

一般而言，拒絕別人的請求時，有以下幾點要多加注意：

一、顧及對方的自尊，為對方留下台階

人都有自尊心，一個人有求於人時，往往都帶著惴惴不安的心理。在這種情況下，如果一開始就向對方說「不行」，勢必會強烈傷害對方的自尊心，使對方不安的心理急劇增加，甚至因此引發強烈的反感，產生不良的後果。

因此，不宜在一開口時就宜說「不行」，應該尊重對方的願望，先說些關心、同情的話，然後再說明實際情況，說明自己無法接受請求的理由，並表達自己無能為力的歉意。

事先說了那些讓人聽了產生共鳴的話，對方才會相信你陳述的情況是真實的，相信你的拒絕是出於無奈，心理上會較接受自己被拒絕的情況。

拒絕別人時，不但要先考慮對方可能產生的反應，還要注意措辭。例如，你拒聘某人時，如果悉數羅列缺點，會十分傷害對方的自尊心。應該先稱讚他的優點，然後再指出缺點，說明對方不適任的原因，如此對方自會心服口服，甚至感激你指出他需要改進的地方。

## 二、降低對方對你的期望

大凡對你有所請求的人，都是相信你能解決這個問題，對你抱有很高的期望。一般而言，對你的期望越高，越是難以拒絕。

所以，拒絕請求時，倘若多講自己的長處或過分誇耀自己，等於是在無意中提高了對方的期望，也加大了拒絕的難度。相反的，如果適當地說一說自己的短處，就會降低對方的期望，較易於拒絕對方。

此外，若能抓住適當的機會多講別人的長處，就能自然地轉移求助目標。這樣不僅可以達到拒絕的目的，而且會使被拒絕者得到更好的求助對象，由此產生的愉快、欣慰心情，將取代被拒絕時產生的失望與煩惱。

三、儘量使拒絕的話語溫柔和緩

要拒絕對方時，可以連連說出場面話，使對方產生「可能被拒絕」的預感，讓他的心中有所準備。

若是在談判中拒絕對方，一定要講究策略。婉轉地拒絕，對方會心服口服；如果生硬地拒絕，對方則會心生不滿，甚至懷恨在心或仇視你。

因此，拒絕對方時，儘量不要傷害對方的自尊心，要讓對方明白你的拒絕是出於不得已，自己也感到很抱歉、很遺憾。

四、讓對方明白自己的處境

一般而言，一個人有事求別人幫忙時，總是只希望別人能滿足自己的需求，往往不考慮自己給他人帶來的麻煩和風險。

因此，若能實事求是地說明利害關係和可能產生的不良後果，把對方也拉進來，共同承擔失敗的風險，讓對方設身處地去判斷現實情況。這樣會使提出要求的人望而止步，放棄自己的要求。

此外，拒絕別人的要求時，若將鐵一樣的事實擺在對方眼前，那無論怎樣堅持自己意見的人，也不能不放棄自己的要求。

五、儘量使自己爭取主動，站在有利的位置上

不管怎麼說，拒絕別人的要求之時，自己總是處在被動的位置上。這是因爲自

己很難預料是誰、在什麼時候、會提出什麼要求，而且對方的要求一經提出，又得當面答覆。

不過，有些情況下，採取登門謝絕的方式，就可以使對方產生感恩心理，爭取到一點主動權。

登門謝絕有三個好處，首先，自己以登門拜訪的熱情溫暖對方的心，對方被拒絕了也不至於感到傷心難過。

其次，既已表示願意爲對方效微薄之力，但又肯不辭辛勞地登門拒絕，可見拒絕是出於力不從心，從而能得到對方的理解。

最後，登門拒絕能使自己由被動轉爲主動，以求助的方式請求對方接受，不會傷害對方的感情。特別是長輩對自己提出的請求，如不能接受，採取登門謝絕的做法是再好不過的了。

六、態度一定要真誠

拒絕總是令人不快。「委婉」的目的無非是爲了減輕雙方，特別是對方的心理負擔，並非玩弄「技巧」捉弄對方。

特別是領導者、長輩拒絕下級、晚輩的要求時，不能盛氣凌人，要以同情的態度、關切的口吻講述理由，使對方心服。

總而言之，在拒絕別人請求時，態度一定要謹慎、眞誠，使對方了解你有不得已的苦衷。請謹記，一次成功的拒絕，可能會爲將來的重新握手、更深層次的交流播下希望的種子。

# 藉機巧言，傳達心意

藉機巧言是種極富機智的說話方式，它的靈活性很大，在任何場合中都能使用，更能使聽話者留下深刻、良好的印象。

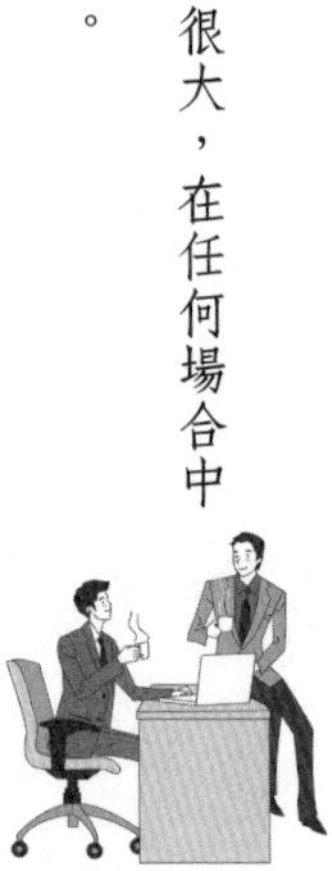

在特殊場合中，藉機巧言的說話方式可達到傳遞資訊、抒發感情的目的，這也可以說是一種特殊情況下的語言表達方式。

俄國著名文學家、批評家赫爾岑年輕時，有一次去一個朋友家赴宴，但他被宴會上演奏的輕佻音樂吵得十分難受，只好用手捂住耳朵。

主人見了忙解釋說：「正在演奏的是流行樂曲啊！」

赫爾岑反問：「流行樂曲就一定是高尚的嗎？這種曲子聽了就令人受不了！」

主人接著反問：「不高尚怎麼會流行呢？」

赫爾岑進一步反駁道：「那麼流行性感冒也是高尚的嗎？」

主人聽了啞然，無言以對。

運用藉機巧言的方法有以下幾個特點：

一、它是人際關係處於複雜狀態下的產物。迫於人際關係複雜性或客觀環境不允許直言時，要想把自己心中的話說出來，又不想把關係搞僵使自己受到危害，藉機巧言就是最好的表達方式。

二、它是一種假戲真做、曲折迂迴的表達方式。

三、它帶有強烈的情感色彩與相當大的靈活性。

英軍總司令威靈頓公爵在滑鐵盧大敗拿破崙，凱旋回到倫敦後，舉辦了一個相當隆重而盛大的慶祝晚宴，參加這次宴會的有各界社會名流、貴族紳士，還有許多參戰的軍官和士兵。

當天晚宴的菜餚十分豐盛，到最後晚宴即將結束時，每個人面前都擺了一碗清水。這時，宴席上一名士兵竟大大方方地喝起這碗水。

見此情形，在場的貴賓都竊笑不已。原來，這碗水是在吃點心前用來給賓客洗手的，但那名農家出身的士兵不懂宮裡的規矩，因而鬧了笑話。當那名士兵了解真相後，頓時羞得滿臉通紅。

威靈頓公爵見到這情況，端著這碗洗手水站起來說：「各位女士、先生們，讓我們共同舉杯為這位英勇的戰士乾一杯吧！」

一陣熱烈的掌聲後，大家舉杯同飲。

威靈頓公爵此舉化解了那名士兵的難堪，更使在場的每位賓客都爲威靈頓公爵的人品與舉止深受感動。

藉機巧言是種極富機智的說話方式，它的靈活性很大，在任何場合中都能使用。若是使用恰當，更能使聽者留下深刻、良好的印象，是想成爲成功領導人不得不學的說話技巧。

# 以平常心對待，談話就不會失敗

與名人來往時，對待他們就要像對待平常人一樣。只要有了這種正確的觀念，自然就不會恐懼慌張。

與名人說話時，不要有害羞畏怯的心情，只要能眞正表達出內心的意思，就能與任何名人開口說話。

有些人對名人只會一味地附和、奉承，這樣是不會令對方愉快的。其實，只要語氣誠懇，措辭和說話態度都得體合禮，對方就會對你留下良好的印象。

要把名人視爲一位有血有肉的人來對待，對他提出一些能夠表達感情的問題，但不要把他視爲超人。他像任何人一樣，敵不過疲倦，也擋不住傷害，甚至可能比你更脆弱，而且與你一樣害羞。不要認爲名人眞的就如藉以出名的職業或形象一樣，事實上，雖然許多名人向公衆傳遞出信心、睿智、仁慈、滑稽或性感等形象，但那往往是刻意表現出來的假象。

當你同時應付兩位名流時，不要只顧著你所敬仰的那一位，而置另一位於不顧，這會使他們兩位都不自在。此外，如果你想持續和他們交談，那就必須保證話題是他們二位都能參與的。

在這類交際場合中，即便你對某一位名人並不熟悉，而且經過介紹之後仍想不起任何與他有關的事蹟，也不能對他有所怠慢。必須一視同仁，對所有名流表達出同樣的熱情和友善。

不喜歡說話的名流，包括外貌滑稽而似乎容易親近的喜劇演員在內，他們在舞台上已經笑到了極限，因此在眞實生活中，往往再也無法發揮幽默了。

作家、詩人、畫家、音樂家等等從事創作性工作的人，雖不大喜歡說話，但這些人往往對政治乃至於宗教各種方面有廣泛的興趣。他們在社交場合中也許不太活躍，但可能有啓發人們思想的獨到想法。

因此，想和這些人談話必須有耐心，不要輕易動怒，也不要太熱情，保持溫和、冷靜和體貼的態度。

名人們也有自己私人的嗜好。比如有的名流很關心學校教育，可能有些百年樹人的改革大計，還有的名人會利用業餘時間鑽研某一人物。若事先知道這些消息，可以預先做點談話內容的準備。如果對方是位知名度很高的名人，那麼，你可以向有關方面的人多加打聽。

名氣普通的名人總是生活在情緒不穩定的狀態中。內在的恐懼，使他們特別脆弱敏感，別人稍有怠慢就會激怒他們，也容易顯得傲慢。他們絕對需要你的尊重和順從，而且名氣越小，對於親切、尊重的需要也就越大。

對待褪了色、過氣的名人時，最好採取迂迴戰術接近他，彼此間的開場白應當是積極的，儘量避免消極的開場白，例如「你最近空閒下來是怎麼打發時間的呀？」或「很久沒有見到你在公眾場合露面了，你去哪啦？」或「這麼久沒有在舞台上露面，會不會覺得無聊呢？」

這些話等於當頭潑他一盆冷水，也可以預見接下來的談話不會多愉快了。

在多數情形下，與名人談孩子是不會錯的。你可以問對方有幾個孩子？多大了？孩子讀的學校好不好？教學方式如何？如果你也當了爸爸或媽媽，那麼，你就更具備和他們談論孩子的資格。

但是，對於這類話題還是要多加小心，不要將話題扯得太遠，不要顯得在挖掘對方隱私，要適可而止。

與名人來往時，最重要的就是不要忽略了他們也是人這一點，對待他們就要像對待平常人一樣。他們也有歡樂、有悲傷、有缺點、有怨恨、有驚恐，是和平常人一樣有感情的，並不因爲有了地位就不再是人。只要有了這種正確的觀念，那麼與大人物打交道時，自然就不會恐懼慌張了。

# 寒暄是拓展友誼的關鍵

透過寒暄，給不快的人安慰；給久別重逢的人關懷；給鄰里親友歡樂。並由此溝通感情、聯絡友誼，促使人際交往達到水乳交融的佳境。

寒暄是交談的潤滑劑，也是一種自然的交談方式，它能在交談者之間搭起一座友誼的橋樑。

寒暄能使彼此產生認同心理，滿足人們想親近對方的需求，因此，寒暄是人際交往中必不可少的一環。

就寒暄的形式而言，一般有以下兩種情況：

一、路遇式寒暄

路遇式寒暄就是在路上或一些公共場合裡遇到熟人，順便打個招呼。在這類寒暄中，一種是對經常見面的熟人握握手，說句「你好」之類的問候語。如果是在路上騎車相遇，可相互點點頭、微笑一下，不用下車。

要是在路上遇到較長時間未見面的熟人，則不可以點頭而過，要停下來多說幾句話。如果自己真的有急事要辦，也要與對方說明清楚再離開，這是人際交往中的基本常識。

二、會晤前的寒暄

會晤前的寒暄就是指在談話進入正題之前的問候。

在這類寒暄中，一種是常見的問候方式，如說「您好」、「請進」、「請坐」等等。另一種是特殊情況的問候方式，如對病人、老人、師長、好友，或是對方大病初癒、長途旅行回來、剛遭逢不幸等情況，在這種特殊狀況中，寒暄問候要格外體貼入微。

至於就寒暄的內容而言，可以有以下四種方式：

一、關懷式寒暄：這是一種熟人之間常見的寒暄方式，通過真摯深切的問候，以加深人際間的感情。

二、激勵式寒暄：就是在彼此寒暄的幾句話中，給人鼓舞和力量。

三、幽默式寒暄：在寒暄中加點幽默詼諧的成分，對協調交際氣氛是很有效果的，人際間的溝通與友誼就會在幽默的寒暄中建立起來。

四、誇讚式寒暄：若一大早起來，接連聽到幾句諸如「您起得好早啊」、「您身體越來越好啦」之類的讚美式寒暄，會感到這一天心情格外愉快。

不過，誇讚式寒暄也要用點技巧，其中一個技巧，就是誇讚的內容最好具體一些，這樣才能產生較大的作用。

除此之外，在寒暄中，應注意以下三點：

一、要注意對象：寒暄內容要因人而異，不可對任何人都說一樣的話。

二、要注意環境：在不同的環境裡，要有不同的寒暄語言。

三、要注意適度：寒暄要適可而止，過多的溢美之詞，會給人虛僞客套的感覺。

總之，要透過寒暄，給不快的人安慰，給久別重逢的人關懷，給鄰里親友歡樂，並由此溝通感情、聯絡友誼，促使人際交往達到水乳交融的佳境。

# PART 3

# 恰如其分地讚美別人

要恰到好處地讚美別人不是一件容易的事，
但如果稱讚得體，就能博取對方歡心，
快速拉近彼此之間的距離。

## 善用「公關」打造良好形象

公關語言除了要優美生動，還必須傾注真摯而充沛的感情。只有心中裝滿誠摯的感情，說出來的話語才可能感動人心。

所謂「公關」，就是指與形形色色的人打交道。最重要的，就是要透過種種方式、手段，加強自己在公眾面前的良好形象，因此，「公關技巧」可說是每位領導人不得不研究的一項學問。

一般而言，公關語言的藝術性主要體現在以下六個方面：

### 一、幽默的力量

幽默是一種藝術，可以用來增進自己與他人、組織和公眾之間的關係。使人從

令人發窘的問題中或尷尬的時刻裡脫身，化陰暗爲光明、化干戈爲玉帛。

某位企業領導人到香港創辦新公司之時，由於他的投資行為受到各方重視，因此一下飛機就有大批記者要採訪他。其中一位香港記者毫不客氣地問：「你這次帶了多少錢來？」

這名領導人一見發問者是位女士，便答道：「對女士不能問歲數，對男士不能問錢數。小姐，妳說對嗎？」

一句話即迴避了問題，又具有幽默感。比起支支吾吾地掩飾，或是擺起架子、板起臉孔地拒絕回答問題，這種善用幽默的回答方式不知強了多少倍。

## 二、豐富的辭彙

公關語言要運用準確生動、富有表現力的辭彙，這樣可以激發公眾的熱情、喚起公眾的想像，並得到公眾的信賴。

因此，必須掌握大量的辭彙，善於運用同義詞、近義詞的轉換，能嫻熟地運用專業詞語、成語、俗話。當然，這些知識要靠平時廣爲蒐集、認眞儲存，這樣到了需要運用詞彙時，這些知識就會源源不斷地湧入腦中，信手拈來、隨意脫口而出，就能增加語言的風采。

三、形象的修辭

進行公關活動之時，還必須熟練地掌握和運用各種修辭手法，以增強語言的具體概念。

貼切的比喻能啓發別人的聯想與想像；適宜的設問、反問能引起他人的好奇心；流暢的排比能激發公衆的熱情；適時的反覆和強調能加深他人印象，產生更好的效應。若能善用種種修辭，就能使大衆對你所要傳達的內容印象深刻。

四、變化的句式

爲了加強表達效果，還須注意句式的變化。

在公關活動中，可用單句，也可用複句；可用陳述句，也可用感歎句；可長短句交錯，也可倒裝、前置。句法參差不同，才能加強語句的強度與活潑性。

五、和諧的節奏

說話時，要注意音量、音質、音色，若是頻率過高，會使聲音刺耳，惹人不快；若是頻率過低，會令人沉悶欲睡。

說話語調要有抑揚頓挫、高低起伏，才能吸引聽者的注意力與興趣。

六、真摯的感情

公關語言除了要優美生動，還必須傾注真摯而充沛的感情。有口話說：「只有在心中裝滿了蜜，口中的言語才會甜。」以此類推，只有當心中裝滿誠摯的感情，說出來的話語才可能感動人心。

公關語言除了具有以上這六個特點之外，由於公關語言多半帶有一定的目的性，因此必須遵循以下這五項原則：

一、通俗易懂原則

公關詞語首先要讓人聽得懂，因此忌用一些冷僻、晦澀的詞語，否則會造成溝通和交流上的障礙。

明朝人趙南星寫的《笑贊》裡有這麼一則故事。

一秀才買柴時說：「荷薪者過來。」賣柴者因「過來」二字明白了秀才的話，就把柴擔挑到他面前。秀才又問：「其價如何？」賣柴者因明白「價」這個字，於是說了價錢。但秀才又說：「外實而內虛，煙多而焰少，請換之。」賣柴者不知秀才在說什麼，便挑擔而去。

這則笑話中的買賣過程，也可看作是公關活動中的口語交往過程，因選用的詞語不通俗，對方聽不懂，這些話語自然無法達到溝通的效果。

二、典雅原則

公關話語要通俗易懂，但並非是要用俚俗、粗鄙的詞語。

談吐和言語格調會直接影響你代表的組織形象，因此應選用典雅的詞語，以給對方良好的印象。比如，「有空再來看看」就不是適當的公關語言，應該說「有機會的話，歡迎再次光臨」。

### 三、詞語色彩中性化原則

在公關交際中，一般應採用不含褒貶的中性詞語，縮短自身與公眾間的心理距離，達到溝通的目的。比如宣傳產品時，既不應貶低其他廠商的同類產品，也不能「老王賣瓜」自賣自誇，否則會引起公眾的反感。

### 四、恰如其分原則

進行公關活動時，要把握好遣詞用句的分寸，不要過分，防止語意走向極端。例如，適度的讚美可使對方愉悅，但過分了，只會適得其反。

# 改變稱呼方式就能改變彼此距離

若想改變自己與對方之間的距離，不論是想拉近彼此的關係或是要疏遠對方，改變稱呼方式都是有效的做法。

我國傑出哲學家、作家赫爾岑曾經說過：「生活中最重要的是要有禮貌，它比最高的智慧、比一切的學識都還重要。」

此話雖有些偏頗，但禮貌確實是進行社交活動必備的基本美德之一，我們應高度重視「禮貌」的作用力與影響力。

想和不熟的人進一步接觸時，叫對方名字可說是最直接、有效的辦法。受員工愛戴的董事長或是受學生喜歡的老師，多半都是善於記下對方名字的人，這也是集體面試時，必然會遵從的原則。

集體面試是就業面試時，常用來面談的一種方式。這時候，負責面談的這一方，由一個人負責對五六個人面試，幾位應徵者以圍繞面試者的方式坐下，應徵者前面會放置寫上名字的牌子。

在這種場合中，面試者在提問時，必然會叫對方的名字，像是「某先生，對於這一點你覺得如何？」「某先生，你的意見如何？」「某先生，以你的立場而言，你覺得應該怎麼辦？」等等。

被叫名字的應徵者會覺得自己和面試者之間的距離縮短，因而能輕鬆說出自己的想法。以這種方式瞭解應徵者的內涵，即是集體面試的目的。

那麼，若要把這種心態應用於拒絕對方請求時，又該怎麼做呢？

通常和對方的心理距離越接近，就越難開口說「不」，因此若想拒絕對方，就不要直呼對方名字。

另外，在商場上，對於初次見面的人，通常會互相交換名片，大多數人會把新拿到的名片放在眼前，這也是一種禮節。這樣在接下來的談話中，就能稱呼對方的名字，讓談話進行得更順利。

相反的，若是你不喜歡對方，不想讓這個人接近自己，不想跟對方展開談話，那就不要接受對方的名片。要是已經得到對方的名片了，也不要看名片內容，如此才能有效地拒絕對方。

同時，要以「那位先生」等不叫名字的方式來稱呼對方，以此來維持自己與對方之間的距離，這樣一來，對方多半會知難而退。

總而言之，在商場的人際交往上，若想要改變自己與對方之間的距離，是不是直呼其名會產生很大的影響。

不論是想拉近彼此間的關係，或是要疏遠對方，改變稱呼方式都是最直接又有效的做法。身爲企業領導人，不可不明瞭這一點。

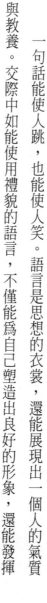

# 禮貌得體地使用語言

巧妙運用禮貌用語是社交場合中的最高智慧，它能使雙方相處得融洽，有利於友誼的發展。

一句話能使人跳，也能使人笑。語言是思想的衣裳，還能展現出一個人的氣質與教養。交際中如能使用禮貌的語言，不僅能爲自己塑造出良好的形象，還能發揮「良言一句三冬暖」的效用，人與人之間的感情很快就會融洽起來。

因此，應對之時應多加使用如您好、謝謝、請、對不起、別客氣、再見、請多關照等種種禮貌性語言。

有人在招呼對方時，習慣問：「吃飽了嗎？」這樣的打招呼方式太單調，也有點不雅。在這方面，可以多用「早安」、「午安」、「晚安」、「最近好嗎」、「請代我向夫人問好」等等詞語替換。但不論打招呼的內容爲何，語氣務必要溫和親切，音量要適中，若說話尖聲尖氣，別人就難有好感。

在人際交往中，得體地使用禮貌語言和謙詞，可以給對方留下良好的印象。在這裡介紹十種在一般場合中常用的禮貌用語：

一、與好久未曾見面的人見面時說：「久違」。

二、與不相識的人初次見面時說：「久仰」。

三、有了過失求人原諒時說：「請多包涵」。

四、請人幫忙時說：「勞駕」。

五、有事要找別人商量時說：「打擾」。

六、請對方不必再送行時說：「請留步」。

七、發表自己意見時說：「有不對的地方多請指教」。

八、有事要暫時離開時說：「失陪」。

九、歸還物品時說：「奉還」。

十、當別人表示謝意時說：「別客氣」。

在談話中不應用命令性的詞語，這類詞語也非禮貌性詞語。「你應當這樣」、「我們應當」、「我們必須」這類話語，都易令聽者不愉快、不舒服。此外，在公共場合中談話時，高聲辯駁、出言不遜、惡語傷人等都是社交大忌。

還有些人總是喜歡大談自己如何如何，令人難以接受。

義大利音樂家威爾第五十歲時，曾與一個十八歲的青年作曲家談話，但這位年輕人只喋喋不休地談論自己和自己的樂曲。

當威爾第專心聽完他的談話後說：「當我十八歲時，我認為自己是個偉大的作曲家，總是談『我』；當我二十五歲時，我就說『我和莫札特』；當我四十歲時，就改說『莫札特與我』了。」

這一席話很發人深省，它告訴我們，一個人要少談自我、要有自知之明，不要目中無人。

在人與人的交往中，稱呼是必不可少的，人們對於稱呼的恰當與否也相當敏感，有時這點還會決定交際的成敗，稱呼不當就會產生情感上的障礙。

現代人的稱呼名目繁雜，但一個適宜得體的稱呼，就能產生微妙的作用。對男性的稱呼，一般多用「先生」，但對女性的稱呼，就要多加注意對方的身分了。一般稱已婚的女子爲「太太」；如果對方身分地位較高，應稱爲「夫人」；對未婚的女子則稱呼「小姐」。若是面對陌生、不熟識的女子，稱呼「小姐」會比貿然稱她爲「太太」安全得多。

稱呼除了在性別上的分別外，還要注意對方的年齡、輩分、地位。對長者可尊稱爲「奶奶」、「叔叔」等；若對方是上級，可用職務稱呼他。尊稱易使雙方感情融洽，也能表現出自己禮貌與恭敬的態度。

巧妙運用禮貌用語是社交場合中的最高智慧，它能使雙方相處得融洽，有利於彼此間友誼的發展。

# 恰如其分地讚美別人

要恰到好處地讚美別人不是一件容易的事，但如果稱讚得體，就能博取對方歡心，快速拉近彼此之間的距離。

要恰如其分地讚美別人是件很不容易的事，如果讚美得不恰當，反而會令對方生氣。要想讚美得恰到好處，就必須盡早發現對方引以爲豪、喜歡被人稱讚的地方，然後對此大加讚美。

因此，在尚未確定對方最引以爲豪的地方前，最好不要胡亂稱讚，以免自討沒趣。試想，一位原本就爲自己身材消瘦而苦惱的女性，聽到別人「讚美」她苗條、纖細時，又怎麼會高興呢？

那麼，究竟什麼才是一個人引以爲榮的地方呢？

首先，每個人都有自己的特長與愛好，這些特長、愛好常常就是一個人引以爲榮的地方，因爲特長是他優於別人、超越別人的地方；愛好則是一個人的興趣所在，許多人會在自己的愛好上投入大量財力、物力、精力。

因此，靈活交際的智慧就在於尊重別人的特長與愛好，再加上適當的讚美，就能贏得一個人的歡心。

對有一定特長的人，如書法、繪畫、釣魚、種花等等，不可只是口頭上的讚美，最好抱著謙虛請教的態度向對方討教一番。即使你對那方面瞭解頗深，也不妨顯得有些外行，好讓對方表現一番。

其次，每個人或多或少都有些自認爲很光榮、很光彩的往事，他們常常把這些事掛在嘴邊，老是說：「想當年……」「那時候，我曾經……」「在法國留學那一陣子……」

對於這些往事，他們常常希望得到別人的讚許。因此，瞭解對方引以爲榮的往事再加以稱讚，多半能令對方高興。

最後，每逢女性改變髮型、服飾、裝扮時，一定要加以稱讚。像是說：「今天的耳環不一樣，是在哪裡買的呢？」

聽見這種暗藏讚美的話，沒有一個女孩子會不高興的。對許多女性而言，服裝或飾物是自己最希望受人讚美的部分。

但要注意，若是對這方面不甚了解而隨便讚美，也有可能帶來反效果，例如將廉價的衣服讚為「高貴的服飾」，可能會令對方有被諷刺的感覺。

要恰到好處地讚美別人不是一件容易的事，但如果稱讚得體，就能博取對方歡心，快速拉近彼此之間的距離。

因此，若想成為一個成功的領導者，對「稱讚」這門學問就要好好研究，它會是開拓人際關係的最佳武器。

# 用祝願式言語增進情誼

雖然祝願式的言語不一定有邏輯性，但只要話語中包含誠心的祝福，對方自然樂於接受，也就有益於促進彼此間的關係了。

好聽的話語人人愛聽，在人際交往的過程中，多說點好聽話能減少彼此之間的摩擦，加強彼此的情誼。所謂的「好聽話」不單是指稱讚對方的話語，同時還包含帶有祝願意味的話語。

祝願式言語主要強調美好的意願與眞摯誠懇的感情，是用友好的心情去祝福對方的未來發展狀況順利、一切心想事成。這類話語不一定合情合理，但由於話中帶有善意，所以聽者多半會欣然接受。

在某間飯店的公關部售票台前，有位客人匆匆來到櫃檯前要訂車票。

「早安！」辦事員很有禮貌地站起來招呼。

「我要三張後天去紐約的九十一號列車車票。」這位客人不耐煩地說。

見客人情緒不佳，辦事員立即將訂票單取出，幫客人登記。當寫到車次時，他習慣性地問：「先生，萬一這趟車訂不到，三一一或三〇五號列車可以嗎？它們的發車時間是……」

但沒等對方說完，客人就連說：「不行！不行！我就要搭九十一號列車。」

辦事員又強調：「萬一……」

沒想到這番好心反而把客人惹火了。「什麼萬一？你們是為客人服務的，怎能這麼說？」客人有些惱怒。

這時，這名辦事員立即意識到自己說話的方法不妥，差一點把客人趕跑了。他根據對方回應的訊息，立即調整話語，轉換語氣說：「我們一定盡最大努力，設法為您買到票。」客人這才滿意地離去。

第二天客人來取票時，根據前一天打交道的情況，辦事員一改過去公事公辦的態度，笑瞇瞇地對他說：「先生，您的運氣真好，明天九十一號列車的車票恰好只剩三張票，我已經幫您買下來的。先生您的運氣這麼好，肯定是要發財了。」

客人一聽此言，立即眉開眼笑，還到販賣部買了一大包零食請辦事員吃，而且從此以後，他成了這家飯店的忠實顧客。

上面例子中的辦事員，從買到車票的幸運「推測」出「發財」一說，這兩者之間沒有必然性可言，但重點在於它是一句人人都愛聽的好話，讓人聽了就開心。

祝願式言語帶有濃厚的情感色彩，需要內含眞實的情感，並給予對方最爲貼切的讚美。雖然祝願式的言語不一定有邏輯性，但只要話語中包含誠心的祝福，對方自然樂於接受，也就有益於促進彼此間的關係了。

# 根據情境巧妙應答

在與上位者應答時，除了把握語氣恭敬的原則外，回答內容要因應時間、場合、談話內容做改變，不可千篇一律，才不致產生尷尬的場面。

公車上，兩名女高中生在交談：

「我昨天碰見某作家耶！」

「才怪！」

「真的，他說下次要請我到他家喝咖啡。」

「真的嗎？」

「你覺得我該不該去啊？」

「算了，我覺得那是騙人的吧！」

從這一段談話中不難發現，雖然提出話題、開啓談話的是第一位女學生，但若沒有另一位女學生適當的應和，這段交談無法如此順利。

在日常生活中的閒談是如此，在商場上的交談也是如此，適當的應和會發揮極大的作用，能使談話雙方愉快，使交談順利進行。

當然在上面的例子中，兩名女學生都沒有特意地應答，所以會用「才怪」、「眞的」等相當口語的說法。這兩個詞語或許適用於女高中生間的閒聊，但如果一個西裝革履的人，與人交談中不時說出「才怪」、「眞的」等語句，自然會被人投以異樣的眼光。

由此可知，談話中要有適當的應和，首先必須考慮自己與對方的年齡和身分。

例如，假使對方是主管或長輩，則必須考慮他的身分地位與輩分，要以較恭敬的語句來回答他。若以「嗯」、「啊」等字眼來回答，會顯得相當不禮貌，應該以簡短有力的「是」來回答較適宜。語氣恭敬是對上位者的基本禮貌。

然而，也不能只回答一個「是」字，否則對方會誤以為自己被嘲弄，但若不斷稱讚對方「好厲害」或「真了不起」，也會引起對方誤解，以為你在奉承阿諛。因此，在與上位者應答時，除了把握語氣恭敬的原則外，回答內容要因應時間、場合、談話內容等做改變，不可千篇一律，才不致產生尷尬的場面。

許多人聽上司談話時，常沒有任何表情，只一味地點頭附和，這種應和方式頗值得商榷。因為聽者的表情和動作都對應和對方談話有很大的幫助，若是毫無表情或反應，往往會帶給說話者很大的困擾。

當然，如果談話雙方彼此之間有生意上的利害關係，沒有表情可作為一項武器，讓對方看不透自己的想法；但在一般談話中，面無表情則會妨礙談話順利進行。

在使用表情、動作應答時，與出聲音應答相同，均需審慎考慮對方的年齡、身分和地位，如此才能獲得對方的讚賞。特別注意的是，與長輩或上司交談時，不宜僅以點頭或手勢應答，仍需以言語表示態度和意見，這種方式較為得體、禮貌。

# 先考慮場合再開口

無論在任何場合開口說話，一定要三思而後言。古人常說的「禍從口出」，就是因為不考慮清楚就隨意開口，為自己惹來了麻煩。

在人際交往的場合中，有些狀況會令對方相當尷尬、難堪，甚至因此惱羞成怒。會造成這種情況，多半是說者不考慮時間、地點，說出不合場合的話語，結果即便是好意，也會惹得對方不愉快。像不合時宜的安慰話語就是如此。

辦公室裡有位女同事談戀愛受挫，好不容易鼓起勇氣向對方告白卻被拒絕，心裡相當傷心難過。她的性格內向又不善言談，也就沒有向他人袒露內心的秘密。

公司裡一個與她很要好的同事見她愁眉不展，得知原因後，就當著眾人的面安慰她說：「那個人有什麼好？憑妳的條件，一定可以找到更好的！」

可是，話還未說完，那名失戀的女同事就跑出辦公室了。這時，她才發覺在這樣的場合中，這樣的安慰話有些不妥當，可是對方已受到傷害了。

幾句安慰話倒成了彼此間尷尬的原因，由此可見，即使說安慰話也要考慮對方的性格，更要考慮時間和場合的問題。

對性格內向的人，不宜在衆人面前直接給予安慰，尤其是涉及別人的隱私時，更不宜在公開場合安慰對方，以免「走漏風聲」。總而言之，說安慰話時，還得隨不同對象而有不同的應對方式。

另外，有一些人說話時，總是直來直往，易惹人生氣、把事情搞砸，這是因爲這類人缺乏場合意識的關係。

他們對人很誠實，談論事情時往往只從個人主觀感覺出發，以爲只要有話就應該說，心裡有什麼嘴上就說什麼，不管什麼時間、地點、場合都是如此，結果常常冒犯了人，自己還不知道問題出在哪裡。

有兩個老工人平時愛開玩笑。若有幾天沒有見到彼此，一見面就會說：「你還沒死呀？」通常對方也不計較，只回說：「我等著你送花圈呢！」兩個人相對哈哈一笑了事。

後來甲工人因重病住院，乙工人去醫院探望他。結果，乙一見面就說：「你還沒有死呀？」這一次，甲工人馬上就發火了，生氣地說：「你滾出去！」

這是因爲對方正生病住院，心理壓力很大，結果乙工人又對著憂心忡忡的病人說「死」，對方怎能不反感、惱怒？就算乙工人沒有惡意，只是想逗對方開心，只可惜他缺乏場合意識，開玩笑弄錯了地方，才使得對方不愉快。

無論在任何場合中開口說話，一定要三思而後言。古人常說的「禍從口出」，就是因爲不考慮清楚就隨意開口，爲自己惹來了麻煩。尤其在商場上活動的人，每天見面的人更多，彼此間的利益關係又複雜，更要有場合意識，養成「三思後言」的好習慣。

# 把握要領，成功安慰人心

受到不幸和挫折的人，往往會沉溺於一時的悲痛之中無法自拔，看不到光明的前途。此時，最重要的是通過積極鼓勵，給他信心和勇氣。

在人際交往中，不合時宜的安慰話語會令對方不愉快，破壞了彼此間的情誼；相反的，適當的安慰話語能使對方感到溫暖、窩心，對你心生好感，彼此的情誼也能加深。

安慰人心需要掌握以下四大要領，才能達到良好的安慰效果：

一、要同情，不要憐憫

一個人遭遇挫折和不幸的時候，十分需要人們的同情。同情是人世間十分寶貴的感情，眞誠的同情不僅能使不幸者痛苦、沮喪的消極情緒得以宣洩，而且有助於消除對方心理上的孤獨感，並增強他戰勝困難的信心。

## 二、要真誠地開導對方，不要擺架子教訓人

一個人苦惱憂傷的時候，非常需要別人給予他眞誠的開導。所謂眞誠，就是要詞眞意切、情感眞摯，千萬不可浮誇做作。

此外，在這種情況下，對方需要的是開導而非教訓，若是擺起架子訓話，即便說話者是好意，所說的內容也都正確、對對方有益，對方也很難聽得進去，甚至會因此惱羞成怒。

## 三、要積極鼓勵，不要消極埋怨

受到不幸和挫折的人，由於一時無法擺脫消極情感的束縛，往往會垂頭喪氣、消極悲觀，沉溺於一時的悲痛之中無法自拔，看不到光明的前途和幸福的未來。

此時，最重要的是設法透過積極的鼓勵，給對方信心和勇氣，讓他在困難的時

候可以看到光明的前景。

若是在安慰對方時，也跟著對方一起消極地埋怨，使人陷入更低落的情緒，就無法達到安慰的效果。

### 四、要選擇恰當時機給予安慰，不要事過境遷才安慰

安慰的話要在適當的時候說，若是對方遇到突發的意外事件，如生病、親人突然去世等等，要注意及時給予安慰。

事過境遷後才安慰對方，不僅失去意義，還會使對方已經平復的心靈重新勾起傷心的回憶，這是很不妥當的做法。

若是想要給予遭受失敗與挫折的人安慰，就要選擇對方最敏感、最易動情和傷感的時候來安慰與鼓勵。

這樣對方會更加感動，安慰的效果自然也就更好了。

# 用自我介紹拓展社交

自我介紹中採用自嘲的方式，更能於詼諧幽默的自我揶揄之中，流露出一些自信和自得之意，既能增強語言的幽默性，又不流於自誇。

自我介紹是進行社交的一把鑰匙，是拓展人際關係的第一步，唯有踏出了這一步，才有辦法進行之後的人際交往。好的自我介紹，會在他人心目中留下良好的第一印象，有利於開展之後的交談與往來。

那麼，要怎麼做才能成功地進行自我介紹呢？如果你尚未掌握要訣，可參考以下三點，它能幫你順利進行自我介紹：

一、克服羞怯

從心理層面看來，人們初次相見時，彼此都有想要瞭解對方的願望，也都有渴望得到尊重的心理。

如果在這個時候，能及時準確、簡要地做出自我介紹，使對方渴望瞭解的願望得到滿足，就是一種對他人的尊重。接著，對方也會因此向你做自我介紹，雙方相互認識後，就能順利展開之後的談話。

相反的，要是見面後羞答答、遮遮掩掩地不願「亮相」，老半天還無法自我介紹，就會使對方感到失望。特別是當對方已經猜出你是誰、來幹什麼之後，還不及時地作自我介紹，場面就更加難堪了。

### 二、注意繁簡

自我介紹是進行交際活動的一種手段。由於交際目的、需求不同，自我介紹的繁簡程度也應有所區別。

一般來說，以工作爲目的的自我介紹，宜簡單扼要，只要講明姓名、身分、目的與要求即可。以交友爲目的的自我介紹就要比較詳細，不僅要講明姓名、身分、目的、要求，還要介紹自己的經歷、學歷、資歷、性格、特長、能力、興趣等等。爲了取得對方的信任，有時還得講一些具體事例佐證。

三、掌握分寸

自我介紹不僅僅是對自己基本情況的客觀陳述，也包含著對自己所做所爲的自我評價。哪怕是最簡單的自我介紹，其中也少不了自我評價的部分。自我評價既不能過高，也不能過低，關鍵在於掌握好分寸。

但是，怎樣才能掌握好分寸呢？

一般而言，應該符合以下三點。

1. 自識：要對自己做出準確的評價，就非要有自知之明不可。正確地對待別人的讚譽，也嚴格地剖析自己的短處，如此才能得出正確、符合事實的結論，做出令人信任的自我評價。

2. 自謙：在做自我評價時，應適當地留有餘地，一般不宜用「很」、「最」、

「極」、「第一」等極端的詞語。

3. 自嘲：自我嘲諷、自我戲謔包含自解和自慰的意思。自我介紹中採用自嘲的方式，更能於詼諧幽默的自我揶揄之中，流露出一些自信和自得之意，既能增強語言的幽默性，又不流於自誇。

在人際交往中，將自我介紹以自我解嘲的方式表達出來，不僅可以體現出豁達大度的大心胸，也會讓人心生好感，進而對你產生認同。

著名戲曲作家魏明倫個子不高，常常被人戲稱「袖珍漢子」，但他對此從不迴避，反而常在公開場合中，以自我調侃的方式介紹自己：「我比拿破崙的個子矮，但與魯迅相當。因此反覆衡量後，自覺沒力氣玩槍，但有條件摸筆，於是就以文字維生了。」

魏明倫這種自我介紹方式，既贏得了別人的好感與尊敬，又在不經意間向人展示了自己樂觀、豁達的生活態度。由此可見，自我嘲諷的自介方式，反而會比一般的介紹方式，更能贏得人心。

# 打招呼是拓展人際的第一步

不論是對每天碰面的人，或對於不常交談的人，都應滿懷親切地和他們打招呼。能愉快地和任何人打招呼，就能建立起良好的人際關係。

保持沉默是無法做好交際工作、拓展人際關係的，人與人之間的交情，必須要由自己主動去創造機會才能產生。

人的一生中，不免會和各種人物接觸，雖然並不是每個人對自己都很重要，但也不能因此逃避與人交往的機會。說不定今天意外認識的人，就會成爲人生路途上的大貴人，例如美國前總統林肯就有類似的例子。

那是一則林肯年輕時當執業律師所發生的故事：

在某個寒冷的日子裡，林肯走在前往辦公室的路上。他原本想乘坐馬車，但又覺得坐車太過浪費，於是只好縮著脖子繼續趕路。這時候，從他後方傳來了一陣馬蹄聲，回頭一瞧，馬車上坐著一位穿著體面的男士。

一見此景，林肯毫不猶豫地趨步向前，滿面笑容地向他打招呼：「我是律師林肯。很抱歉，能否麻煩您幫我將外套送到辦公室去呢？」

「當然沒問題，只是天氣這麼冷，你不穿外套回家嗎？」這名男士訝異地問。林肯若無其事地回答說：「當然連同我的身體一起送上呀！」

馬車上的男士笑了，伸出手說：「請上來吧！」兩人從此結下不解之緣，成為莫逆之交。在林肯競選總統時，此人曾廢寢忘食地鼎力相助，是林肯的得力戰友。

由這例子可知，打招呼這行爲，表面上看來雖只是芝麻綠豆般的小事，但在拓展兩人的友誼上，卻能發揮了無比強大的力量。

相信許多人都會坐飛機出差，那麼，試著和鄰座的人聊聊天如何？只要能輕鬆地打聲招呼，也許就能順利展開接下來的談話。

若是聊得投緣，不但在飛機上的時光不會寂寞、無聊，說不定下了飛機後還能繼續往來、保持聯絡，甚至成爲事業上的合作夥伴。

另外，要注意的是，在辦公室裡，打招呼很容易流於形式，必須用點心。同事間天天見面、天天打招呼，但由於彼此都不用心，因此「打招呼」這項行爲，就變得對加深彼此情誼毫無作用了。

其實，不論是對每天碰面、彼此很熟悉的人，或對於不常交談、十分陌生的人，都應滿懷親切地和他們打招呼。若能愉快地和任何人打招呼，往往就能夠建立起良好的人際關係。

## 饋贈禮品須講究文化背景

正確選擇禮品的做法，是既要考慮到對方的文化、習俗、愛好、性別、身分、年齡，又要考慮禮品本身的寓意、實用性和紀念意義等。

古今中外的各種人際交往中，幾乎都離不開饋贈禮品這項活動。當然，這點在商場上亦是如此，不論是要加強彼此間的情誼，或是拉近彼此間的距離，送禮都是一個很好的辦法。因此，即使在步入全球化、現代化的今日，送禮仍是靈活交際不可不知的一門學問。

爲表達心意而針對不同對象選擇不同的禮品，是一門敏感性、寓意性都很強的藝術。如果不研究並眞正弄懂饋贈的禮儀，送禮不但無法發揮良好的效果，結果還會適得其反。

所以，別把送禮視爲一件隨隨便便的簡單小事，應予以慎重對待。

送禮時，首先要注意對方的習慣和文化背景。因爲對方的文化背景不同，對禮物的愛好和要求也就有所不同。

例如，在阿拉伯國家，酒類都不能做爲禮品，更忌諱送禮物給對方的妻子。在英國，人們討厭印有送禮人單位或公司標記的禮品。法國人不喜歡收到菊花，因爲只有在葬禮上，法國人才會使用菊花。日本人則不喜歡帶有狐狸圖案的禮品，因爲日本人視狐狸爲貪婪的象徵。

還有，若收禮者是外國的朋友，可考慮送一些帶有典雅風味的禮品，這類物品在國外不易獲得，在他們眼中是相當難得、珍貴的禮物，所以一般而言，此類禮品都相當受外國人歡迎。

據調查，外國人喜歡的物品大約有以下這幾種：

### 一、景泰藍禮品

景泰藍是傳統工藝，用它製成的實用品，種類繁多並廣受外國朋友歡迎。其中，男性主要欣賞用景泰藍工藝製成的打火機、筆、拆信刀……等，女士則喜歡飾物、鏡子和隨身盒等。

二、玉珮

玉本身就帶有強烈的神秘東方色彩，象徵吉祥如意的玉珮更是如此。又由於西方現正流行「養石」，並以東方的玉爲新寵，尤其偏好色澤溫潤、明亮通透的玉，大多數外國朋友收到玉都會相當高興。

三、繡品

在各類刺繡品中，近來以湘繡最受到歡迎。

另外，水墨字畫、竹製工藝品、漢字紙扇、檀香木扇、各類茶具和瓷器也都是具有中國特色的禮品。

「禮輕情義重」這句送禮原則，至今仍適用於今日已國際化的社會。因此，要注意饋贈禮品的價値不宜過重，要是所送禮物的價値過高，往往會被人認爲是賄賂的手段，引起不必要的疑慮，即使對方接受了重禮，送禮者也達不到表明自己友好情誼的目的。

另外，送禮的數量也有所講究。中國一向以雙數爲吉祥，日本則以奇數表示吉祥，西方國家忌諱「十三」這個數字。因此，無論在送水果或其他任何數量較多的物品時，都應注意這一點。

送禮的時機和場合亦應注意。各國一般都有初交不送禮的習慣：法國人喜歡雙方下次重逢時饋贈禮品，英國人多在用餐完或看完戲之後贈送禮品，中國則以在離別前贈送紀念品較爲自然。

最後，應注意的是，禮物往往具有暗示的作用，因而在挑選禮物時，對這點需十分小心，不要因饋贈禮品造成誤解。

如中國一般忌諱送梨或送鐘，因爲「梨」與「離」同音、「鐘」與「終」同音，「送離」和「送終」都是不吉利的字眼。

又如男性對關係一般的女子，不可贈送貼身衣物等女性用品，更不宜送項鍊、戒指等首飾物品，否則容易引起對方誤解。

正確選擇禮品的做法，是既要考慮到對方的文化、習俗、愛好、性別、身分、年齡，又要考慮禮品本身的寓意、實用性、藝術性、趣味性和紀念意義等，並要注意禮品的格調要高但價值不可太高。領導者餽贈禮品時，若能注意到以上這幾點，必能使送禮這項行為發揮最大的效用。

# 亂拍馬屁，小心被踢

拍馬屁要有些技巧，沒有三兩下子可不能亂拍。
拍錯了地方，不但話收不回來，
人也會被馬踢得連翻幾個觔斗，可就出醜啦！

## 「有效拒絕」是保護自己的一大秘訣

透過迴避主要問題，將話題引向細枝末節，這種方式無疑比較高明，既保護了自己，也替對方留了下台階。

保護自己的秘訣，就是學會適時的「拒絕」。

有一位婦女，向來個性溫厚、為人善良，只要朋友開口，即便是無理的要求，也幾乎都會答應下來，因為她總是不好意思拒絕別人。

但這樣下去畢竟不是辦法，果然不久之後，就發生了問題。

有一天，一名認識已久的朋友開口向這名婦女借錢，她照例不好意思加以拒絕，於是勉為其難地答應下來。

不過，由於是一筆可觀的數目，丈夫相當惱火，說什麼都不同意。

這麼一來，這位主婦自然無法拿到錢，只得食言毀約。

可想而知，對方本以為一切都沒有問題，萬萬沒料到還有變數，因此發了脾氣，從此態度一百八十度大轉變，四處說她的壞話。兩人本是多年好友，就因為這樣決裂，從此成為不相往來的仇家。

想想，這樣的事情若是發生在自己身上，該有多麼的令人不愉快。

因此，當碰上別人開口向你借錢，能力可及自然無話可說，如果辦不到，就一定要婉轉且明確地拒絕。

你可以這樣說：「如果可能的話，我當然願意傾力相助，但碰巧手頭不方便，真是一點辦法也沒有。實在很抱歉，希望你能夠原諒我。」

或者換個方式，也可以如此說：「如果數目少一些，我當然樂意借給你，但你的要求實在已經超過我的能力，愛莫能助，請你原諒。」

諸如此類的說法，不僅得體，而且也表現出了自己對朋友的體恤與關懷之情，不至於傷到對方的自尊。

另外，遇到友人開口借錢，以幽默態度回絕也是一種很好的方法，可以有效緩和尷尬的場面。

湯姆友善地向漢斯打招呼：「你怎麼了呢？好像很沒精神呀！」

「是呀！最近為了還債，到處籌錢，搞得身心疲憊，晚上煩惱到睡不著覺！你能不能幫忙解決呢？」

「當然好啊！我家有安眠藥，效果很好的，明天就可以帶來給你。」

透過迴避主要問題，將話題引向細枝末節，表達出堅定的拒絕之意。這種方式無疑比較高明，既保護了自己，也替對方留了下台階。

# 透視他人舉止，以利人際相處

在交談過程中，如果對方動不動就翻看自己的記事本，表明他在暗示你，希望你儘快簡單明瞭地說明來意。

與人交流往來時，一定要嚴格要求自己的舉止，避免出現以下行爲。

1. 做人太虛僞

與爲人虛僞的人交往，常會讓人擔心受騙上當，沒有安全感，讓人難以相信他。這種人只關心自己，不關心他人，把個人利益看得至高無上，凡事斤斤計較、患得患失、損人利己，爲了個人的蠅頭小利可以放棄他人、集體的巨大利益。私心太重的人必然缺乏吸引力。

2. 挫傷別人自尊

常常挫傷別人的自尊心的人，不會有和諧的人際關係，因爲破壞了他人社會心理需求的滿足，自然讓人討厭他。

3. 報復心強

與報復心強的人交往，使人產生壓力，常常擔心稍有不慎就會遭到報復，心理上很緊張，因此自然疏遠他。

4. 嫉妒心強

妒嫉別人，企圖剝奪別人已經得到的物質和精神的需要，這種心理一旦表現出來，就會引起別人的反感。

5. 猜疑心重

人們往往感到與猜疑心重的人難以眞誠坦率地交往。這種人心眼小，敏感多疑，難以讓人親近。

6.苛求別人

喜歡吹毛求疵、苛求於人、使人不快的人，常常令人自尊心受挫。解除不快的辦法，就是遠離這種人。

7.驕傲自大

恃才自傲、目中無人、習慣自吹自擂的人，當然使人心生嫌惡，不願意接近，將會嚴重地影響人際之間的交流。

另外，對方的某些舉動，往往暗示著與你交流時的心情。因此，也必須注意對方的行爲表現，作爲自己下一步行動的參考。

1.談話的中途不斷插嘴

一般情況下，說服別人總是一鼓作氣地進行方能有效。

假如在你正說得起勁時，對方不斷地插話，打斷你的話頭，會破壞語言表達的效果，同時也說明對方情緒有些煩躁，此時你該考慮停止說話，或轉移話題。

2. 故意裝糊塗

人們在交談時，爲了瞭解對方是否眞心聽清楚了，總會在談話告一段落時，問上一句：「怎麼樣？我這樣說你聽懂了嗎？」

如果你覺得自己說得非常明白，連小孩子都能懂的話，對方卻故意裝作聽不明白：「我還是不懂，你到底想說明什麼啊？」這種故作驚訝和不明白，給人的感覺是他對你談的問題漫不經心、缺乏興趣。

是否該再重複一遍，就看你的耐心程度和是否希望繼續與他交往下去，如果都不是，最好結束談話，越快越好。

3. 左顧右盼

交談時，不停地左顧右盼，來回移動自己的視線，或者用手摸摸辦公桌上的東西，露出一臉神經質的樣子，說明聽話人已經很不耐煩，希望你能及早結束談話。

### 4. 不斷地看錶

當你正談得津津有味時，對方卻不時地把目光停留在自己或者你的手錶上，或者不停地看壁上的鐘，這種神情表明對方已感到時間難捱，如果他再說上一句：「這樣吧，讓我回去再重新考慮一下。」顯然他要送客了。

### 5. 時常翻動自己的記事本

在交談過程中，如果對方動不動就翻看自己的記事本，表明他在暗示你，他下一個行程已經安排了，希望你儘快簡單明瞭地說明來意。

這時，你最好縮短你的談話。

### 6. 經常離開座位

倘若你和對方談話時，他經常找藉口離開座位，這表示他並不重視你的存在，或者不喜歡你的談話，此時你可以根據自己的情況適時打住。

7.故意自言自語

在兩個人談話當中，如果有一方「顧左右而言他」，有一句沒一句地自言自語，那麼，另一方就可明白他對這個話題毫無興趣，漠不關心。

此時，說話的一方應該起身告辭。

# 杜絕性騷擾，工作環境才算好

如果想要認真維繫和培植互敬互重的企業文化，性騷擾就成了首要痛擊目標，才能使每一名員工享有保持自我尊嚴的工作環境。

有的人常因爲無心的笑話或惡作劇，冒犯了別人，當有人質疑他的行爲時，他反而會認爲這個人應該多培養一點幽默感。

這種自以爲是的人往往是別人心中的拒絕往來戶，要是冒犯的對象是女性，還會爲自己招來禍端。

有名男性主管開玩笑說，某名女性職員的胸罩裡面一定塞了東西，說她看來很迷人，還問她：「今天下班後是不是要去約會啊？」

當著她的面，他還對其他男同事說：「假如你們和她有什麼勾當，別忘了先通知我一聲！」接著又說他渴望她很久了。

這種輕薄意淫的言詞有趣嗎？

在法庭上並不有趣，因爲法官判決這名女職員所須忍受的，是一種「有敵意的工作環境」（一九九一年蓋登控訴維吉尼亞東南公利事業局一案），判決性騷擾的控訴成立，男性主管因而付出昂貴的代價。

有座船塢裡裡外外張貼了裸女海報，工作場所的雜誌、剪貼、月曆處處可見美女裸照或衣衫不整的畫面。法官判定這家公司的行爲構成了「對女性員工的意識廣泛與透徹的視覺攻擊」（一九九一年羅賓森控訴傑克森維爾船塢公司一案）。

這些眞實案例是否讓你大吃一驚？

你會選擇去忽視這類行爲嗎？

羅伊德博士在《性騷擾：公司如何免於纏訟》一書中指出，多數受害人對性騷擾的第一個反應就是忽視它，隨後再否定它，因爲當事人往往難以相信這種事情眞的發生在自己身上。

但是，不要當沉默的羔羊，早些採取行動，無論獨自或有同事支援，都可以遏止令人生厭的言行，才能防範性騷擾事件繼續擴大。

羅伊德提供給各公司領導人一項特別報告，教導他們如何擬定並執行公司政策，避免性騷擾發生。公司高層主管如果想要認眞維繫和培植互敬互重的企業文化，性騷擾就成了首要痛擊目標。能夠妥善運用公司所設置的制度，挑戰粗鄙猥褻的性騷擾言行，絕對是最正當不過的決定。

在性騷擾防範計劃中，羅伊德將「性騷擾防治訓練」列爲其中一個重要步驟。如果你身居公司高層主管，覺得爲了提高互敬的氣氛，自己的工作環境極須改善，也許你應該建議所有員工都參加這類訓練計劃。

訓練的方式能夠邀請性騷擾防治專家進行演講，督導員工進行群組討論。如此，才能使每一名員工享有一個能夠自由發揮所長、保持自我尊嚴的工作環境。

# 用科學方式解決一切情事

每個人都必須用科學方法思索一切事件，如此一來，將會免除一切爭執，使對方像你一樣公正、開朗和心胸寬廣。

希歐多爾．羅斯福入主白宮主持美國政務的時候，他承認他只有七十五％的事情是辦對的，不過已經達到他所希望的最高點了。

假如這是二十世紀傑出的人物所希望達到的最高百分比，那你和我又怎樣？

假如你能保證達到五十五％的成功率，就可以進入華爾街，每天賺取百萬的利潤，坐私人遊艇，過豪華的生活了。

但是，相對的，假如你自己都不能保證可以達到五十五％的成功率，又怎麼能責怪別人的錯誤呢？

你當然能夠批評一個人的錯處，但是否也能間接逼使對方同意你的觀點？

這麼做，等於打擊了他的智慧、打擊了他的判斷、打擊了他的勇氣、也打擊了他的自尊心，難免要遭到他的反擊。此時，即使你用柏拉圖或康德的哲學或邏輯學去說服他，也很難扭轉他對你的反抗，因爲你已經對他造成傷害。

因此，與人交談時，永遠不要這麼說：「我證明給你看！」這種強勢作風等於是說：「我比你高明，在我舉的一兩個事例面前，你會改變你的主張。」

這是一種挑戰、尋釁的行爲，只會激起對方的反對，使對方甚至在你還沒有把話說完時就與你發生爭執。

即使在和諧的環境裡，要改變一個人的心意，也是相當困難的。

爲什麼困難？爲什麼使你感到棘手？

因爲，人都有逆反心理。在你要證實某件事之前，別讓人知道你的意圖，先悄悄地、精細地去做，不必四處嚷嚷。

就像吉思特菲爾德對他的兒子所說的：「人們總是要受到教訓的，但不必你代勞，未經提到的事，也等於遺忘。」

假如你想比別人做得聰明些，大可不必宣揚出去。

「讓事實來檢驗一切」，科學家就是這麼做的。

著名的探險家和科學家史蒂芬遜，在北極圈探險了十一年，有六年的時間除了吃水和肉之外，什麼也沒有。有人問他如何去證實這些實驗，他說：「科學家永不試圖實證某事，卻要試圖找出事實。」

每個人都必須用科學方法思索一切事件，這麼做，除了自己以外，不會受到任何人的干擾。如此一來，將會免除一切爭執，使對方像你一樣公正、開朗和心胸寬廣，也會使對方意識到，自己也許是錯的。

# 亂拍馬屁，小心被踢

拍馬屁要有些技巧，沒有三兩下子可不能亂拍。拍錯了地方，不但話收不回來，人也會被馬踢得連翻幾個觔斗，可就出醜啦！

拍馬屁並不見得都是壞事，有時還是人際關係的潤滑劑，但是要拍得讓人舒服又不覺得肉麻，就有點學問了。

想拍馬屁，就要拍得精、拍得高明，巧妙之處在於輕輕地拍，巧妙地拍，拍得不臭不響，讓人覺得舒暢又開心。

如果練不好這種功夫，反而將別人的雞皮疙瘩拍落了一地，或是一不小心拍到馬腿上，惹得馬兒狂飆，還不如不拍！

有「太陽王」美譽的法國國王路易十四，平日喜歡寫詩自娛。有一次，路易十四寫了一首情詩，左看右看總覺得不是很好，這時，剛好元帥格拉蒙來晉見，他就將這首詩交給元帥。

他對元帥說：「格拉蒙，我覺得這首情詩寫得不好，你認為如何呢？」

格拉蒙很快看了看這首詩，隨即附和路易十四說：「誠如陛下所說的，這首詩簡直糟透了。」

路易十四一聽，扯著嘴角笑了笑說：「寫這首詩的人一定是個笨蛋。」

「是啊！絕對是個笨蛋。」格拉蒙在一邊附和。

路易十四正了臉色慢慢地說：「噢！謝謝你，其實這個笨蛋就是我。」

大元帥一聽臉色大變，馬上紅著臉說：「陛……陛下，讓我再看一遍，我剛才只是隨便瞧，沒有仔細看。」

馬屁拍得不巧妙還不要緊，最慘的是用力一拍，竟然拍到了人家的傷口處，讓人疼得哇哇大叫。

在不清不楚、模模糊糊的情況下，還是別逞強，省得一巴掌拍下去，反而激怒了馬兒，讓馬蹄給踢得四腳朝天！

政治人物難免需要新聞界的配合來宣揚他的理念。法國的政治家塔雷朗在一個宴會裡遇到了新聞界的權威人士威廉．柯貝特，為了與他建立良好的關係，便嘻嘻哈哈地說些笑話，攀點兒交情。

兩人說了一會兒話之後，塔雷朗忽然討好地對柯貝特說：「您是從牛津還是劍橋大學畢業的？」

他本來的用意是誇對方的學問好，必然系出名校，但是他並不知道柯貝特根本就沒有受過什麼高等教育，之所以成名，全是靠著自己的努力得來的。

這下馬屁可拍到馬腿上了，正觸痛了柯貝特的心事。

只見柯貝特笑臉一收，眉毛一揚大聲回答：「我可不是鱒魚，你再怎麼丟魚餌，我也不會上鉤的！」

不管稱拍馬屁爲恭維、迎合或是妥協，主要目的就是想要藉由這種方式，尋求最佳的溝通切入時機，讓雙方產生共識。

藉由這種表達方式，可以激發對方的好感，使得良好的對話氣氛得以延伸。有時候，眼見雙方就快要起爭執的時候，及時岔開話題恭維對方一番，也可以有效轉移目標，消除火藥味。

拍馬屁就像是調製一杯雞尾酒，覺得太辣了，就加上點兒甜酒；覺得有些淡，就加上點兒白蘭地。

必須注意的是，拍馬屁要有些技巧，沒有三兩下子可不能亂拍。馬屁拍得生硬了，讓人覺得莫名其妙；拍得太明顯了，又讓人噁心；要是搞不清楚狀況，拍錯了地方，那就更慘了，不但話收不回來，人也會被馬踢得連翻幾個觔斗，可就出醜啦！

# 送禮必須送進心坎裡

禮物的價值不是以金錢的多少來衡量的，而是以禮物本身的意義展現它的價值。選擇禮物時要力求別出心裁，不落俗套。

送禮既然是一門藝術，自然有著約定俗成的規矩。送給誰、送什麼、怎麼送都有奧妙之處，絕不能瞎送、胡送、濫送。

根據古今中外一些成功的經驗和失敗的教訓，起碼我們應該注意下述原則。

1. 禮物輕重得當

一般來講，禮物太輕，又意義不大，很容易讓對方誤解為瞧不起他，尤其是對關係不算親密的人，更是如此。

但是，禮物太貴重，又會使接受禮物的人有受賄之嫌，特別是對上司、同事，更應注意。除了某些愛佔便宜的人外，一般人就很可能婉言謝絕，或即使收下，也會付錢，要不就是日後必定設法還禮，這樣豈不是強迫人家消費嗎？如果受禮人家中不甚寬裕，無異於給人出難題。

如果對方拒收，你錢已付出，留著無用，只是徒生許多煩惱，花錢找罪受，又是何苦呢？因此，禮物的輕重選擇以對方能夠愉快接受爲尺度，記住「少花錢多辦事，多花錢辦好事」的原則。

2. 送禮間隔適宜

送禮的時間間隔也很講究，過於頻繁或間隔過長都不合適。

送禮者可能手頭寬裕，或求助心切，便經常大包小包地送上門去，有人以爲這樣大方，可以博得別人的好感，但細想起來，其實不然。

如果受禮者是愛佔小便宜的人，他當面會說你好話，說不定暗地裡妒忌你的大手大腳，背後說你壞話。

正派的人，雖不會說什麼，卻可能會懷疑你這樣大方是為了達到某種目的，不再與你深交。另外，禮尚往來，對方必然還情於你，豈不也增加了他的經濟負擔？

一般來說，以選擇重要節日、喜慶壽誕送禮為宜。既不顯得送禮者突兀虛偽，受禮者收下禮物也較能心安理得，如此才是兩全其美。

3. 瞭解風俗禁忌

送禮前應瞭解受禮人的身分、愛好、習慣，免得送禮送出麻煩來。

有個人去醫院看望病人，帶去一袋蘋果以示慰問，哪知惹出了麻煩。正巧那位病人是上海人，上海話「蘋果」跟「病故」二字發音相同，送去蘋果豈不是咒人病故？由於送禮人不瞭解情況，最後弄得不歡而散。

有鑑於此，送禮時，一定要考慮周全，以免節外生枝。

對文化素養高的知識分子，送去一幅蹩腳的書畫就很不識趣；送伊斯蘭教徒有豬的形象作裝飾圖案的禮品，可能會被人轟出來；送義大利人菊花，送日本人荷花，送法國人核桃，都會引起外賓的反感，切莫做此傻事！

### 4.禮品要有意義

禮物是感情的載體。任何禮物都表示送禮人的特有心意，或酬謝，或示賀，或孝敬，或憐愛，或情愛等等。所以，選擇的禮品必須與你的心意相符，並使受禮者覺得你的禮物非同尋常，備感珍貴。

最好的禮品是根據對方的興趣愛好所選擇的，富有意義或耐人尋味的小禮品。比如，爲住院的朋友送去一束鮮花，定能使他心情愉快，增強戰勝疾病的信心；爲遠方的同窗寄一冊母校的照片，定能喚起他對學生時代的美好回憶；爲愛好文學的朋友送上一套名著，必然使他欣喜若狂，愛不釋手；送給心上人一條漂亮的絲巾，她必會含情脈脈地依偎在你的懷中。

禮物的價值不是以金錢的多少來衡量的，而是以禮物本身的意義展現它的價值。因此，選擇禮物之時要考慮到它的藝術性、趣味性、紀念性等多方因素，力求別出心裁，不落俗套。

# 做人謙虛，更能掌控大局

越是才華出眾的下屬，越是應該慎重地處理與上司的關係。好比越是高大的樹木，越是應該埋下頭來，才不至於被風吹折。

做人處世最需要注意的是，不可恃才傲物。

恃才傲物的人，就代表不會善待自己的才能，往往與別人的關係十分緊張。這不但為自己帶來諸多不利，有時甚至招來殺身之禍。

三國時，在曹操軍營中擔任主簿的楊修，才華橫溢，思維敏捷，但由於他恃才傲物，屢犯曹操大忌。

有一回，塞北有人送給曹操一盒酥餅，曹操在盒上寫下「一合酥」三字，便放在一邊。楊修看見後，隨即招呼眾人把這一盒酥分吃了，並解釋曹操的意思是「一人一口酥」。楊修雖然猜透曹操的心思，但讓曹操怎麼下得了台？

類似的事還重演了幾次，楊修一而再再而三地在人前賣弄自己的小聰明，終於，在又一次猜到了曹操要退兵的心思，到處散佈退兵言論時，被曹操以「擾亂軍心」的罪名處死了。

楊修爲什麼會死？原因很簡單，就是因爲他處處顯露自己的才幹，不懂尊重上司，爲上司護航，更不願夾著尾巴做人。

古語有言：「木秀於林，風必摧之；堆出於岸，流必湍之；行高於人，眾必非之。」爲人要謙虛誠懇，不可鋒芒畢露，盛氣凌人，要避免功高蓋主，名高欺主。越是才華出衆的下屬，越是應該慎重地處理與上司的關係。好比越是長得高大的樹木，越是應該埋下頭來，才不至於被風吹折。

恃才傲物的人，由於很難與上司融洽相處，因此也很難做出什麼業績來，往往最後陷入孤獨，不受同事們的歡迎。因此，造成人固有才，卻難得重任的情況發生，最後只能是碌碌無爲，沒有什麼傑出的發展。

爲人處世除了要避免恃才傲物之外，也要懂得靈活機巧的做事方法。

「只問耕耘，不問收穫」在今天似乎有些行不通了。越是「只問耕耘」的人，就越容易隱沒在人群中，上司根本無暇看到他們，對他們的表現與才能可能瞭解得不多、不深、不夠，評價自然就偏低些。

做個沉默者，往往便只有吃「虧」的份。不少人的確才華出衆，踏實肯幹，但上司卻並不認爲他們多有才能，原因就在於這些人不善於表現自己，溝通能力差。

那種自鳴得意、沒做成多少事卻嚷得全天下都知道的人，上司往往棄之不用。然而，不講求策略，只知盲目地做苦工的人，也不會有多少升遷機會。

最好的方式是要心明似鏡，樹立起明確的目標，然後適時表現，努力拼搏，並且該糊塗時就糊塗些，表現出「大智若愚」的氣度，上司自然會看出這一點。

# 善用談判技巧，最能達到成效

隱瞞自己的意圖，一旦摸清了所有情況，便一鼓作氣制定詳細的方案，突然出擊，取得了談判的最後勝利。

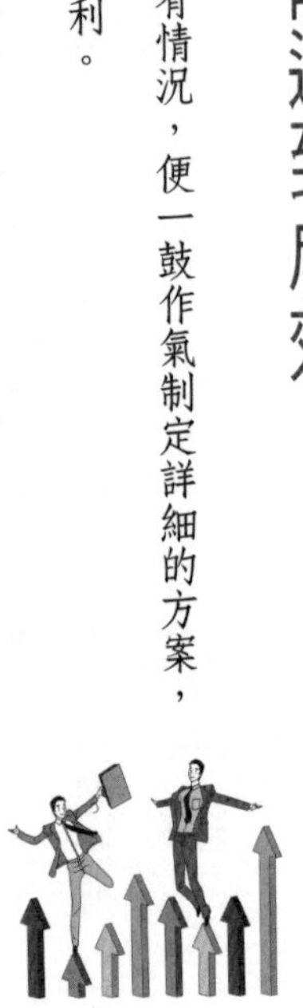

日常生活中，我們無可避免地會就某些事情進行談判。與上司討論自己的薪資問題、與房東談論租房事宜等等，這些都涉及談判。談判桌上的高手，往往精於使用謀略，使談判達成有利於自己的某種協議。

日本一家公司與美國某公司進行技術協作談判，談判開始，美方代表便拿出各種技術數據、談判專案、開銷費用等一大堆東西，滔滔不絕地發表意見，完全不顧日本公司代表的反應。

日本公司的代表則一言不發，只是仔細地聽並埋頭記錄。當美方單獨講了幾個小時之後，徵詢日方代表的意見時，日方代表裝作迷惘的樣子，反覆說「我們沒準備好」、「我們事先未確定技術資料」之類的話。

第一輪談判就這樣不明不白地結束了。

幾個月後，日本公司以前次談判團不稱職為由，撤換了談判代表，另派代表團到美國參加第二輪談判。這些代表不知前次談判的結果，一切和前次談判一樣，日本人顯得在這個項目中準備不足，技術基礎薄弱，信心不足，最後以還得回總公司討論為由，結束了第二輪談判。

接著，日本公司又如法炮製了一次談判，使得美國公司老闆大為惱火，認為日本人沒有誠意，輕視該公司的技術力量，下了最後通牒：如果半年後日本公司仍然如此，兩國公司的合作將取消。隨後美方解散談判代表團，封閉所有的技術資料，等待半年後的最後一次談判。

哪料想到，幾天以後日本就派出由前幾批談判代表團的首要人物，組成龐大的談判團飛抵美國。

美方在驚愕之餘倉促上陣，匆忙將原來的談判團成員召集起來。這次談判日本人一反常態，帶來大量可靠的資料，對技術、人員、物品等有關事項都做了相當精細的策劃，並將協議書的擬稿交給了美方公司的代表簽字。這次行動讓美國人迷惘了，最後勉強簽了字，當然，協議書所規定的某些條款明顯傾向於日方。事後，被日本人耍得團團轉的美方代表氣得大罵，說這是日本自「珍珠港」事件之後的又一次勝利。

顯然，精明的日本人在這場談判中利用瞞天過海之計耍了花招。前幾次談判，日本人裝出準備不足的樣子，隱瞞自己的意圖，實際上是在瞭解美方的計劃。一旦摸清了所有情況，便一鼓作氣制定詳細的方案，最後在美國人放鬆警惕的時候，突然出擊，取得了談判的最後勝利。

# 克服緊張情緒，行事才能順利

告訴自己：「我緊張、不安，對方也會與我產生同樣感覺。」這樣，你的心理會坦然些，也會增加勇氣。

與人交涉、溝通、談判的過程中一定要避免緊張，緊張只會壞事。以下是克服緊張情緒的技巧。

1. 一開口聲音宏亮，就不會怯場。

2. 服裝方面，穿著較正式稱頭的衣飾，可以增加自信心。

3. 交涉之前，如果遇到不愉快的事，要利用很短的時間，使自己的心情轉為愉快。比如，到書店翻看喜歡的雜誌、看幾則笑話，大笑一番；逛逛附近的百貨公司，欣賞悅目的商品等等。

4. 對手可能使你怯場時，設法提早談判的時間。
5. 以輕快的步伐走到會場，心情會輕鬆許多。
6. 提早到達會場，心理上就不會那麼畏畏縮縮。
7. 保持眼睛的高度跟對方齊等的地步，精神壓力就會減輕不少。
8. 交涉場所最好選擇自己熟悉的地方，如果辦不到，至少也要選擇雙方都不熟的地方，讓雙方的立足點相同。
9. 遇到可能使你畏縮的對手，說話的時候要緊緊地注視對方的眼睛。
10. 把關鍵問題提早說出來，緊張感就會緩和。
11. 怯場時坦白向自己承認：「我有點怯場了，真不像話！」只要意識到了，就不再那麼緊張。
12. 如果你感到在氣勢上已被對方壓倒時，不妨拿出一張紙胡亂塗寫。這一辦法有兩個作用，一是由於隨意胡亂塗寫，手指頻動之時，自己的緊張感能夠緩和。另一項作用是可以攪亂對方心理，分散其注意力。
13. 交涉之前想些自己的優點和成就，就會產生信心。

14. 告訴自己：「我緊張、不安，對方也會與我產生同樣感覺。」這樣，你的心理會坦然些，也會增加勇氣。

15. 告訴自己：「我的對象與我一樣，不過是個平凡的人。」這樣就不會被對方的社會地位或頭銜嚇住。

16. 為了防止談判突然中止的時候發生尷尬氣氛，事先要帶些資料、備忘錄之類的東西，以便隨時可以若無其事地翻看。

17. 忽然被對方提出的問題難住，一時無法回答的時候，要立刻反過來問對方相關的另一個問題。

18. 發現自己說錯了話，就立刻在腦子裡想起與此全然無關的事情。

19. 發現自己很緊張，就使所有動作緩慢下來。

# PART 5

# 想交朋友，必須先學會「做朋友」

真正的朋友，也許並不是那個對你最好的人，

而是在你需要的時候，願意伸出援手的人。

# 好心還是會有好報

將仁愛之心表達出來，即使自己吃一點虧也無所謂，就是對生命的尊重。不要吝惜伸出你的援手，好心還是會有好報的。

在現實生活中，人與人之間的戒心越來越重，也越來越會斤斤計較，彷彿沒有任何好處去做事，就等於吃虧。所以，才會有人覺得這個社會越來越冷漠。不過，還是有人願意不求回報的默默付出，只不過是因爲他們不會四處張揚，所以我們才會以爲沒有這種人存在。

春秋時期，趙國的宣孟在前往絳這個地方的途中，看見一棵枯死的桑樹底下，躺著一個餓得奄奄一息的人。

宣孟就停下車，親自餵他東西吃，過了一會，那個人微微的睜開了眼睛。宣孟問：「你怎麼會餓成這個樣子？」

那人回答：「我本來是在絳做官，在回鄉的途中食物吃完了，不好意思討飯，又不願意去做盜賊，所以就餓成這個樣子。」

宣孟看他很可憐，就給了他一塊肉乾。那人非常感激，但他拿著肉乾卻不吃。宣孟覺得很奇怪，就問他為什麼不吃。

那個人說：「我家有一個老母親，我是給她老人家留著的。」

宣孟說：「你先吃吧，我再給你帶一些回去。」於是，他又給那人兩串肉乾和一些錢，然後才離開。

過了兩年之後，晉靈公想要殺害宣孟，於是假裝請宣孟喝酒，想乘他喝醉之時下手。宣孟赴約後看出了晉靈公的用意，所以酒喝到一半就藉故逃走。

晉靈公見宣孟一去不回，就急忙派人趕去追殺。其中，最先追上宣孟的武士看到宣孟後大吃一驚，對他說：「原來是先生您，請您趕快上車離開吧！我來截住追兵，為您斷後！」

宣孟問：「你叫什麼名字？」

那人邊往回跑邊說：「我就是當年枯桑樹底下那個快要餓死的人！」

後來，那人隻身與追趕而到的士兵拼鬥，結果被亂刀砍死，但經過這番拖延，使宣孟得以活下來。

宣孟在一開始，並不是為了要求這個人回報才出手幫助他的，而完全是發自內心的仁慈，不忍心看到有人餓得奄奄一息。

人畢竟是有感情的動物，宣孟的行為，就是一種仁愛的表現。

將這種仁愛之心表達出來，即使自己吃一點虧也無所謂，就是對生命的尊重，也是收買人心的重要法則。因此，見到別人遭遇緊急危難，不要吝惜伸出你的援手，請相信，好心還是會有好報的。

# 用心，才會讓人感到貼心

所有的禮數、服務都是在意料之中，那些都是「應該的」，服務人員更要多花點心思，提供一些不只是「應該」的服務。

日本經營之神松下幸之助曾說：「不管是經營者或是企業員工，都要有正確的人生觀、事業觀，以及正確的服務觀念。」

在經濟不景氣而又競爭激烈的年代，幾乎所有想要生存下去的企業，都挖空心思地改善自己的服務品質。

其中，不斷加強自己的服務內容與服務態度，來收買消費者的心，正是企業能否屹立不搖的重要關鍵。

巴黎希爾頓飯店一向舉世聞名，以良好的服務在飯店業裡獨占鰲頭，然而其最大的致勝原因，是服務人員善於察言觀色，懂得用「心」對待每一位客人。

有一次，一位美國女士來到巴黎觀光，下榻在希爾頓飯店，當她在服務台前辦理住房手續時，飯店經理注意到這位女士極注重個人的服裝造型，不只身上穿著一身鮮紅的衣服，腳上穿的鞋子、頭上戴的帽子、手上拎的皮包也都是紅色，就連頭髮、指甲也都染成了紅色。

經理看出了這位女士對紅色的偏愛，於是趁她出門逛街的空檔，下令服務員把這位女士的套房重新佈置。

無論是地毯、燈罩、窗簾、床單、椅套等，全部都換成那位女士所喜愛的鮮紅色，甚至連浴室裡的牙刷、毛巾也不放過，最後還在房內擺上一盆鮮紅的玫瑰花，想要給那位客人一份驚喜。

等到那位美國女士觀光回來之後，發現自己的房間已經過一番精心打理，入目皆是自己喜愛的紅色時，簡直像中了彩券般的喜出望外，頓時感覺窩心不已。

隔天，她不只親自向飯店裡的每一位員工道謝，還簽下了一萬美元的支票給服務人員當作小費。她離開時，她還留下了一句話：「這是我所住過最棒的飯店。」

服務，就是要用心，讓顧客感到貼心。

不只是一套完善的服務流程，偶爾靈機一動的小點子，讓出乎客人意料之外，才更能夠更打動客戶的心。

大多客人都有一種「預期心理」，認爲五星級飯店就應該要有五星級飯店的品質，花錢的是大爺，所有的禮數、服務都是在意料之中，那些都是「應該的」。因此，服務人員更要多花點心思，提供一些不只是「應該」的服務，顧客才能夠感受到飯店的誠意與熱忱，用另外的觀點來評價這家飯店。

常常聽人說，客戶是欲求不滿、對別人要求最多的一種人，反過來想，服務業也應該是樂於付出、對自己要求最多的人。

如果能夠在對方開口要求前先滿足他的需求，對方的要求不只會減少，雙方的滿意度也才能提高。

# 真誠，才能避開陷阱

當你使詐的手段沒有辦法超過別人時，剩下的武器就只有真誠。當你的真誠觸動到別人的心虛時，目的也就達到了。

在爾虞我詐的社會裡，不論是已經成功的大人物，或者是沒沒無聞的小人物，爲了追求權勢、名利、地位，「使詐」彷彿已經成爲必要的手段，令人防不勝防。如果你不是善於使詐的人，在這個處處都是陷阱的社會中，最好的自保方式，就是以誠待人。

東漢時期，有一位名叫荀巨伯的人，聽說一位在遠方的好友得了重病，於是不遠千里，特地趕去探望。這個朋友看到荀巨伯非常高興，沒想到過了不久，這個朋友所住的城遭到土匪入侵了。

朋友知道這個消息，很憂慮的對荀巨伯說：「謝謝你來看我，現在土匪來了，這個城看來是守不住了。我是一個快死的人，城破不破對我來說都無所謂了，可是，你沒有必要留在這裡，還是趁土匪還沒攻進城來，快點逃走吧！」

荀巨伯聽完，卻相當不高興地對朋友說：「你說的是什麼話！朋友應該有福同享，有難同當。現在大難臨頭，你卻要我扔下你不管，自己去逃命，我怎麼能做這種不仁不義的事？」

等到土匪攻破城之後，人人都急著逃命，只有荀巨伯還無畏無懼地跟他的朋友待在家裡。

土匪闖進來，看到荀巨伯並不害怕，便問他說：「我們所到之處，沒有人像你這樣鎮靜的，你難道不怕我們嗎？」

荀巨伯坦然地回答：「我不是不害怕，只是現在我的朋友病得很重，我不能因為你們而丟下朋友不管。你們如果真的要殺人的話，就殺我吧！請不要殺我這位沒有抵抗能力的朋友。」

土匪聽了荀巨伯這番充滿情意的話，相當佩服他的為人，為了表達他們的敬意，就退出了這座城。

很難有人做得到完全待人眞誠，就算是孔子這樣的聖人，周遊列國經過蒲地遭亂民扣留時，也是靠著使詐的手法，最後才得以脫身。

由此可知，現實社會中，偶爾適時地使詐是必要之惡，世俗所謂的眞誠，多少都帶有虛假的成分。

可是，當你使詐的手段沒有辦法超過別人時，那麼，剩下的武器就只有眞誠。因爲，再會使詐的人還是會有心虛的時候，當你的眞誠觸動到別人的心虛時，保護自己的目的也就達到了。

# 想交朋友，必須先學會「做朋友」

真正的朋友，也許並不是那個對你最好的人，而是在你需要的時候，願意伸出援手的人。

認識朋友不難，要維持一段長久的友誼卻很難，時間可以使友情變得更濃郁，也可以令友誼變得脆弱。人會成長，人也都會改變，能隨著人生成長的友誼，才是一段值得珍藏的感情。

在美國內戰期間，林肯總統的情緒猶如一根繃緊的絃，一不小心就會有扯斷的危險。為了紓解自己積壓許久的躁鬱，林肯特地寫信給一位相隔千里，住在美國西半部的老朋友，請他撥空來華盛頓提供一些意見，舒緩連日來的緊張壓力。

當這位老朋友千里迢迢，專程來到白宮拜訪時，林肯十分感動，欣喜之餘，就將自己所面臨的煩惱壓力全都宣洩出來。

話不吐不快，這一吐卻吐了數小時之久，而且一直都是林肯在發言，老朋友除了應聲附和之外，完全沒有發表任何意見。

兩人相處到深夜，便握手道別，這位老朋友不辭辛勞的來到華盛頓，好像只是為了扮演一天聆聽者的角色而已。

內戰結束後，林肯想起了這件事，覺得非常過意不去，致電想表達自己的歉意。沒想到這位朋友絲毫沒有一絲芥蒂，反而開懷大方的說：「我知道你當時需要的，正是一位友善、充滿同情的靜聽者，所以你並沒有詢問我的意見。在宣洩之後，你的心情似乎平靜多了，我想這就是身為你的朋友所能為你做的了。」

林肯聽了備感窩心，從此更加珍視這份歷久彌新、難得的珍貴情誼。

一個人的力量也許有限，遇到困難的時候覺得自己力有不逮，但是只要你認識十個知心的好朋友，你也就等於有了十個人的力量。

這十個人可能又個別認識十個值得交往的好朋友，如果你能獲得他們信賴，那麼，你就有了一百個人的力量，許多難題就能迎刃而解！

眞正的朋友，也許並不是那個對你最好的人，而是在你需要的時候，願意伸出援手的人；也許不是對你掏心掏肺、無話不談的那個人，而是肯聽你掏心掏肺、侃侃而談也不覺得厭煩的人。

越是到了一定的年紀，越會覺得友情的可貴，開懷時可以秉燭夜談，寂寞時可以談天說地，傷心時可以相互慰藉，這樣才稱得上難得的摯友，你有沒有這樣充滿濃厚情誼的朋友呢？

# 不要急著「過河拆橋」

不要因為眼前的得意，而忘了從前的失意。懂得用過去來提醒自己的人，現在的成就才會保持得更長久。

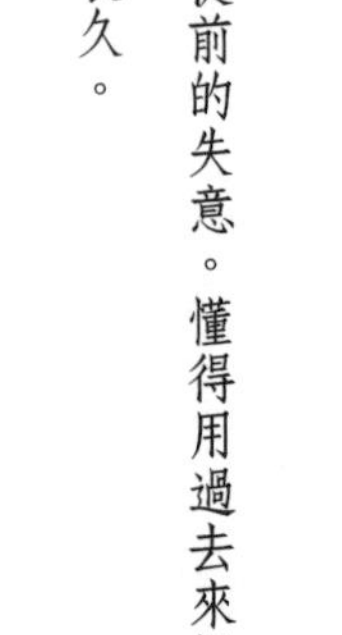

所謂的過河拆橋，不一定專門指忘恩負義的人。當人忘了自己遭逢困境時的心態時，也算是另一種形式的過河拆橋。

當別人不識趣地提起你最不願意回首的往事，你會用什麼態度去面對？是惱羞成怒？是氣急敗壞？還是把它當作一股警惕的力量？

不中聽的話是一把銳利的劍，有時候可以刺穿你的心臟，但是你也可以勇敢伸手握住它，使它成爲你的利器。言者無意，聽者有心，一切在於你如何用心來面對人生曾經有過的挫折。

春秋五霸之首的齊桓公，有一次與管仲、鮑叔牙和寧戚三個重臣坐在一起飲酒。四個人越喝越高興，於是，酒酣耳熱之際，齊桓公更對鮑叔牙說：「你喝得最少，所以應該起來說幾句話，給我們助助酒興。」

鮑叔牙舉起酒杯，站起來對齊王說：「有幾句祝酒辭正好可以藉這個機會說。第一句，希望大王不要忘記逃亡去莒國的事；第二句，希望管仲不要忘記成為魯國階下囚的事；第三句，則希望寧戚不要忘記當初睡在牛車下面的事。」

齊桓公聽完之後，不僅沒有生氣，反而趕忙站起來對鮑叔牙深深施禮，語氣真誠地說：「寡人和他們兩個，都會謹記您說的話，使齊國永保霸業，社稷鼎盛！」

鮑叔牙在酒席上趁著大家正高興的時候，講出每個人在最倒楣的時候遇到的事情，按照常理，這是故意掃大家酒興的行為。

事實上，鮑叔牙也正是想掃大家的興，因為他要讓大家知道，不要因為眼前的得意，而忘了從前的失意。

你可以反駁別人的批評，斥責別人的無知，但這樣並不會使你在別人心目中的地位提高，反而得不償失，只有像齊桓公這樣勇於接受的人，才可以藉此不斷提醒自己，締造更高的成就。

也許有人會認爲，留著失意時的「橋」，不但沒有意義，對已經得意的自己而言，更是一件很沒有面子的事。

可是，哪個人沒有過去呢？懂得用過去來提醒自己的人，才會贏得別人敬重，現在的成就才會保持得更長久。

而且，這條代表著失意的「橋」，不知道在哪一天會成爲你的避難器具，急急忙忙的拆掉，不也代表缺少了一條退路嗎？

## 注意小事情，才能避開大危機

能綜觀全局的人才是能成就大事的人。過度的在乎小事，只會讓自己整天疑神疑鬼，出現錯誤的判斷。

人情練達的人，通常也是觀察力敏銳的智者，既通曉別人的眞實心意，也會忠誠地完成別人的託付。

這樣的人在人際交往過程中，可以從細微的肢體動作和交談時的話語，正確讀出對方的心思，以及一舉一動所代表的深層意思，因此常常被視爲最受歡迎、最值得託付重要事務的人。

魯國大夫郈成子奉命出訪晉國，途經衛國時，衛國大夫右宰穀臣設宴熱情款待他。席間雖然歌舞昇平，但是右宰穀臣卻一直悶悶不樂，等筵席結束，右宰穀臣還送了個珍貴的玉璧給郈成子。

可是，郈成子訪問晉國回來，經過衛國時，卻沒有去回拜右宰穀臣，而是逕自回魯國。

車夫覺得很奇怪，問道：「先生您上次經過衛國時，右宰先生非常熱情的宴請您，現在我們經過衛國，按照禮節應該前去回拜才對，您卻要逕自要回魯國，這是為什麼呢？」

郈成子對車夫說：「上次他宴請我，是想和我一起高興高興；歌舞在旁而悶悶不樂，是向我表示他憂心忡忡；後來送我的玉璧，只是暫時寄存在我這裡而已。由此看來，應該是衛國有什麼危險要發生了吧？」

郈成子才離開衛國國境三里，就聽說大臣寧喜發動政變，右宰穀臣在政變中被殺。於是，郈成子隨即駕車返回，祭奠完右宰穀臣之後才回去。

回到魯國，郈成子還命人把右宰穀臣的妻兒接來，安置在自己家中，視如自己家人一樣。等到右宰穀臣的孩子長大，可以獨立之後，郈成子就把當初右宰穀臣送給自己的玉璧，還給他的兒子。

一個細心聰明的人，會因爲一些不易察覺的小事，而用來推測將要可能發生的事情。

如此一來，不但可以避免自己被別人蒙在鼓裡，還能夠幫助朋友擺脫困境，更重要的是，可以及時抽身，避免自己被捲入不必要的麻煩。

雖然仔細觀察會爲我們帶來好處，但是也不要因此就過分執著，在微不足道的枝微末節裡打轉而深受困擾。

畢竟，能綜觀全局的人才是能成就大事的人。過度在乎小事，只會讓自己整天疑神疑鬼，更可能會因爲自己疑心太重，導致出現錯誤的判斷，聰明反被聰明誤。

# 用包容來避免無謂的衝突

敞開自己的心胸，不要太過計較別人的小奸小惡，你會發現，最大的受益人不是別人，而是你自己。

托爾斯泰曾說：「只要一個人原諒了別人，他自己就是對的。」容忍別人的疏忽和過錯，不僅是具有寬厚胸懷和高尚品格的表現，更是成功的特質之一。

雷馬是個演藝圈有名的經紀人，他旗下的藝人個個是大牌，每個都炙手可熱、紅透半邊天，也因此把雷馬捧上了經紀人的第一把交椅。還沒合作過的藝人都希望可以跟雷馬合作，合作過的藝人也對他的為人讚譽有加，不過雷馬倒是對自己的成果不以為意，他覺得自己只是表面風光，背地裡辛酸。

長期和這些大牌明星相處，必須學會忍受各式各樣的怪癖和脾氣，在演藝圈打滾多年，雷馬所學到的第一件事，就是同情，尤其對那些大牌明星無理取鬧的要求，更是只能以「同情」兩個字來應付。

一次，雷馬旗下的一位女歌手舉辦大型演唱會，但是前一天晚上這位女歌手卻和男友參加狂歡派對，瘋了一整夜，隔天起床發現自己喉嚨沙啞，竟然吵著要把當晚的演唱會取消。

雷馬實在忍無可忍，真想嚴厲訓誡女歌手的荒唐不懂事，但是演唱會迫在眉梢，再怎麼生氣也是於事無補，雷馬於是立刻趕到女歌手下榻的飯店，以無比同情的語氣對女歌手說：「發生了這種事，真是不幸，好吧，我們把演唱會取消好了，不過損失一、兩千萬而已，跟妳損失的名譽相比，根本不算什麼。」

女歌手一聽，立刻明白事態嚴重，不可以再任意妄為，於是馬上加緊速度整裝待發。當晚演唱會佳評如潮，沒有一個人聽得出女歌手的聲音有一點沙啞。

看了以上這則故事，不得不佩服雷馬的足智多謀，以及他一流的忍功和耐力，當然，雷馬是為了生活所需，才磨練到如此爐火純青的地步，要是一般人，早已大呼受不了，拍拍屁股走人了。

但是，仔細想想，一時的忍讓，包容別人的不是之處，難道眞的有這麼困難嗎？為什麼不學學雷馬，以一份同情的態度去包容別人的壞習慣，如此不僅可以減少無謂的衝突，又可以收斂自己的脾氣，一舉兩得，為什麼不試著做做看呢？

用同情的角度來對待世界，就可以包容一切。別人的不講理是他的目光狹窄，別人有怪毛病其實也相當可憐，別人侮蔑自己，不欣賞自己，那也不過是他的損失而已。敞開自己的心胸，不要太過計較別人的小奸小惡，你會發現，最大的受益人不是別人，而是你自己。

# 觀察入微才能獲得先機

忙碌的現代人，很少仔細地觀察生活裡的人事物，發現細微之處的不同，總是錯過在眼前閃現的機會，日子過得迷迷糊糊。

很多時候，成功的契機就隱藏在那些我們不注意的小地方當中，一個不經意，很可能就錯過了致勝的先機。

喬治是個已經年過四十的中年男人，一直以來，他都以風度翩翩的形象出現，他的人緣非常好，不管走到哪裡，都是最受歡迎的人。

有一天，他參加了一場老同學的聚會，大家在聊天時，話題不知不覺地便轉到了喬治的身上。

同學們都提出疑問，從學生時代就頗具魅力的喬治，為何到了這個年紀，身上的吸引力仍然與日俱增，絲毫未減？

好奇的老同學們，全都把注意力圍繞到喬治的身上，要他無論如何一定要說出維持魅力的秘密。

剛開始，喬治都推說，要個性樂觀、笑口常開、樂於助人……等等，但是，大家覺得他根本是在敷衍，並不相信這些抽象的理由，堅持要他說出真正的秘訣是什麼。最後，喬治敵不過大家的逼供，便聳了聳肩說：「好吧！你們仔細地看我，我整個人哪一個部份看起來最舒服？」

同學們觀察了許久，有人猜是衣著，有人說是臉型或笑容……等等，但是，喬治全都搖頭。最後，有個同學說：「是髮型！」

喬治這才笑了笑，說：「是！就是髮型！」

這會兒大家才仔細地看著他的頭髮，也都一致贊同，他的髮型的確是看起來既自然又舒服。於是，大家急著問他：「你的頭髮到底是在哪間髮廊剪呢？可不可以幫我們介紹一下？」

喬治笑著說：「其實，我沒有固定去哪一間髮廊啊！我只是很挑理髮師而已，至於我的選擇方式是，找店裡髮型看來最差的那個理髮師，然後請他幫我修剪。」

大家聽到後，吃驚地問：「為什麼？」

喬治回答：「你們難道不知道嗎？理髮師們都是互相修剪對方的頭髮啊！」

觀察入微的喬治，能夠發現選擇理髮師時的訣竅，那麼生活中的小細節，相信他更不會有任何遺漏或錯過。

忙碌的現代人，很少有人能像喬治一樣，仔細地觀察生活裡的人事物，從中發現細微之處的不同，而加以運用，許多人總是在錯過，不斷錯過在眼前閃現的機會，日子過得迷迷糊糊。

能洞察入微，你才有機會改變人生。當別人仍然等著容易失手的理髮師時，只有你能發現，留著一頭亂髮的理髮師傅，儘管外在造型不具公信力，但是，其實是深藏不露的高手，能為你設計出不同凡響的造型，那麼你就能比別人更容易成功。

# PART 6

# 識人不明，小心賠了夫人又折兵

貪婪是人性，好利也是人性，
如果不能辨明這些人性，
無疑是讓自己時時處於危機之中，
萬一遭受背後冷箭攻擊，小心賠了夫人又折兵。

# 得罪小人，後患無窮

小人是會記恨的，小人是會報仇的；得罪了小人，可說後患無窮，因為小人總是躲在暗處讓你防不勝防。

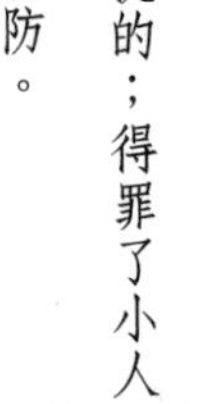

人與人之間的摩擦在所難免，爲了各自的利益發生爭執，也是不難理解的事。成熟的人，能夠靈活處世、就事論事，對事不對人，一旦理論出了結果，不管是贏是輸，都不會懷恨在心。

但是，如果對手是個心胸狹隘的小人，就要小心了。眼前雖然爭得了一時的勝利，卻可能造成無窮後患。

所謂的小人，是指品格低下、手段卑劣之輩，他們特別會爲維護自己的利益而不擇手段，一旦吃了虧，鐵定非找機會討回來不可。以正人君子自居的人士，對於這樣的人總是特別厭惡，又爲了保持風度，總是不願和他們一般計較。

然而，一旦君子和小人發生了衝突，最後敗下陣來的多半是君子，嚴重的更可能被小人逼入絕境之中。

就拿盛唐大詩人李白來說，由於詩人性格所然，不但對於一些小事完全不拘泥，一旦喝起酒來更是狂放不羈，天皇老子來了也不管。可是這樣的性格也讓他在無形中樹立了不少的敵人，其中一個就是高力士。

據說，才情洋溢的李白曾經因為文名，受邀至皇宮參加晚宴，在酒酣耳熱之際，皇帝要他作詩，他也一時詩情大發，短短時間連作三首《清平樂》，令在場所有人士佩服不已。

李白在作詩時，曾要求楊貴妃親自磨墨，還命宦官高力士為他脫靴，氣勢雖然狂妄，但是皇帝愛他文采，也就不以為意，在場人士更沒人敢有意見。

在這樣的情勢之下，高力士再怎麼不甘願，也得硬著頭皮在眾目睽睽之下蹲下身來替李白脫靴。

掛不住面子且深以為恥的高力士，暗自懷恨在心，想盡了辦法要找機會復仇。

李白以頌讚楊貴妃的美貌儀態為意旨的三首清平樂，由於寫得極具意境，更強調楊貴妃的花容月貌，因此很受楊貴妃喜愛，經常拿出來吟唱唸誦。

有一天，楊貴妃吟誦這首詩，高力士聽見了，故作不經意地說：「我還以為您會因為這首詩對李白恨之入骨呢！想不到您竟還這麼高興的吟誦。」

楊貴妃不解高力士的話意，便要他說出原由。

只見高力士意有所指地說：「我說他是在嘲諷您呢！您看，他在詩裡將您比做趙飛燕，您想想那趙飛燕是什麼樣的女人？莫非他是在暗指您和趙飛燕一樣淫賤，未來會敗壞國事嗎？」

經過高力士的刻意曲解、移花接木以後，原本清麗讚美的詞句，轉眼間全都成了惡意譏諷的證據。

這下子引起楊貴妃大怒，連帶地也對李白感到反感和憎恨，又回想起宴上作詩的情景，一個小小的翰林竟敢要求貴妃磨墨，當眞是囂張過頭了。

於是，楊貴妃幾次在唐玄宗有意提拔李白的時機，都暗中出言阻止，目的就是要讓李白升不了官，最好被放逐得越遠越好。

就這樣，高力士只用了一句話就斷送了李白的前途。雖然高力士的才氣、才情、才幹都遠遠不如李白，但是他卻能使出陰毒計謀，讓李白的長才毫無用武之地，從此與官途絕緣。

小人是不會瞻前顧後的，小人是不會在乎兩敗俱傷的，小人是不會輕易罷休的，小人是會記恨的，小人是會報仇的。得罪了小人，可說後患無窮，因爲小人總是躲在暗處讓你防不勝防。

# 小心在你身後搞詭的人

凡事抱持著一定的危機意識，為自己做好安全準備，就能以不變應萬變，徹底防範那些想在你身後搞詭的人。

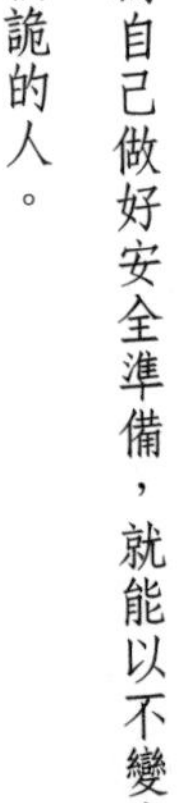

越是成就突出的人，越容易遭人妒忌，正所謂「鶴立雞群」、「樹大招風」，站在顯眼處的人，很容易被暗箭所傷，要特別提防被人扯後腿。

如果你已經成爲小人眼中的攻擊對象，以下有五種技巧可以幫助你保住地位、改變處境，以防禦小人的侵害。

• 收集證據

如果你的失敗是因爲他人在暗地裡搗鬼的緣故，一旦查明眞相之後，應該盡快

將事實抖露出來。比方說投訴相關人員，表示是因爲某人「丟失」了你應該得到的通知或備忘錄，或者故意不提供你有關的資訊，才會造成你的作業失誤，以此盡快澄清自己的清白。

你最好能將自己的工作詳細記錄，包括接到工作任務、備忘錄的時間，以及沒能及時接收的佈達資訊或行動措施等，然後將所有的情況彙報給上司。一旦證據確鑿，領導者當然會明白誰才是眞正應該受到指責的人。

### ・正視給你製造麻煩的人

忍氣呑聲並不一定能夠解決問題，有時候，你必須正視你的敵人，給予他們當面的警告，顯示你對這件事的重視程度。

如果有人故意從你桌上取走檔案，導致你的工作延誤，面對「兇手」狡辯之時，你大可以理直氣壯對他說：「當然，你會說你沒有這麼做，但是你我都知道這裡到底發生了什麼事。」

對方或許會推卸責任，也或許會栽贓他人，或許只是一聲不吭地站在那兒。如果對方保持沈默，你則可以繼續說：「我想這些檔案再也不會丟了，這種情況應該也不會再發生了，你說是不是？」

如此，可以讓對方知道，你很清楚他們的作爲，雖然這次不予計較，但下次就不會善罷干休了，期望下不爲例。如果你假裝不知道、當做沒發生，對方反而會誤以爲你感到害怕，那麼這些困擾你的事將會層出不窮。

• 對自己所做的事心中有數

當某人試圖貶低、否定你的成績時，不用立刻在口頭上爭回面子。

這時候，你必須對你自己一清二楚，最好還有書面資料佐證，這樣才是最有力的自我保護方式。

將你所做的一切都記錄下來，不管是書面的還是口頭的。例如，如果你提高十五%的銷售額，你就可以這麼說：「去年我給公司帶來了……利潤。」讓上司清楚知道你的成就與績效。

事實就是事實，當你做出了確實的成績，也有確實的證據可以佐證，任他人怎麼樣也無法否認和貶低。

・公開自己的目標

身爲領導者應該會發現，有些人很喜歡被特別看待，甚至爲了得到特別待遇而費盡心機。這種人的目的其實很簡單，希望你能夠看到他的成果，希望領導者對他的表現感到滿意。

如果這樣的人名實相符，透過眞正的實力獲得良好的成績，那麼讚揚他也是理所當然的事。但是如果只爲了汲汲於名利而將別人的功勞往自己身上攬，就會欺壓到別人的權益，如果領導者不能明辨是非，勢必會引起其他人的不滿。

爲了應付這種情況，領導者可以將所有的計劃與預訂目標全都明文公佈，對於員工的表現也同樣確實記錄，如此一來誰有功、誰有過就一目瞭然了。

有了白紙黑字的記錄，在公正、公開的情況下，主管就不用爲了該如何賞、如何罰而傷腦筋了。

## • 明辨誰是可以信任的

有句話說：「人心如面，各不相同。」即使兩個人再親近、再熟悉，也很難確定自己一定完全明瞭對方的想法。

在職場上，輕易善信他人的人，往往特別容易受到傷害。因此，在你還未能信賴對方之前，不要肆意談論自己的計劃或想法，否則一旦別人從談話中竊走你的想法，可就得不償失了。

此外，與他人結盟合作，剛開始也無須談論過度細節的內容，並且慎選場所，以免遭受無謂的損失。

待人處事，其實沒有什麼了不起之處，最重要的是學會了解對方是怎麼樣的人、會有什麼樣的想法。

在職場中，彼此競爭在所難免，不用防人到底，也不要輕信於人；凡事抱持著一定的危機意識，多爲自己做好安全準備，就能以不變應萬變，徹底防範那些想在你身後搞詭的小人。

# 把目光放遠，才不會用問題解決問題

如果不能冷靜思考，小心用權用謀，一旦走了極端，反而會遭受小人勢力集結反撲，豈不得不償失。

凡事給人留餘地，其實也是在爲自己舖路，行事千萬不能只見樹不見林，過於極端的處事方法，往往反而會爲自己惹來不必要的麻煩。

看問題要有洞見，處理問題更要洞察機先，把目光放遠才不會用問題解決問題。南宋高宗的丞相趙鼎，就是一位能放遠目光的臣士。

一向嫉惡如仇的趙鼎，處理事情卻不慌亂、不躁進，有勇有謀，思慮極為周全，可說是個深諳靈活處世要訣的高手。

有一年，山東知府劉豫意圖反叛，四處張榜自稱皇帝，結果朝廷中竟也有人遙相呼應，一時間謠言紛傳，搞得人心惶惶，天下不得太平。這個內應便是宦官馮益，這件事情由泗州知府劉綱上奏高宗，要求即刻處理，否則將會有損國體和皇帝的名聲，造成不良影響。

當下，有許多人建議高宗殺掉馮益，以儆效尤。

趙鼎卻另行獻計，建議採用較為和緩的方式，說道：「不如暫時將馮益降職，調派到外地，以消除眾人的疑惑。」

一時之間朝臣議論紛紛，彼此沒有共識，最後宋高宗採納了趙鼎的建議，下令將馮益放逐到浙東任職。

下朝之後，另一位丞相張浚，也是主張殺掉馮益的人，立刻生氣地追著趙鼎，質問他為什麼要「縱虎歸山」。

趙鼎連忙安撫張浚的怒氣，等對方好不容易平撫下來，才解釋道：「從古到今，處置奸佞之人一定要謹慎而行，要有一定的方略，不可操之過急。如果太過急切，處理得不好，反而會讓同黨勾結在一起，形成一股勢力，從而招致大禍。若是能夠先緩上一緩，讓他們自己產生矛盾，反而可以不攻自破。」

張浚雖然順了氣，但是臉色還沒平復，沒好氣地問：「那又怎麼樣？這下子馮益一點事也沒有，誰不都想造反了？」

趙鼎搖了搖頭說：「現在馮益雖然犯罪，但還稱不上什麼大災害，如果一下子殺了他，天下人未必就會拍手稱快，反而會打草驚蛇，讓那些宦官人人自危，說不定會串連起來為馮益開罪。」

「懲罰要罰得恰到好處，不殺馮益而將他放離京師，既暫時隔離了這個危機，又達到了懲戒的目的，保住皇上的聖名，且可好好部署下一步的行動。如此，豈不是一舉多得？」

趙鼎又進一步說：「想那馮益，原本以為自己會被殺，如今卻只有留官外任，想必會心存僥倖之心，盼望有朝一日能再回京師。這麼一來，他現在的那些同黨就會轉變成為未來反對他的勢力，以後處理起來，就會容易多了。」

張浚聽完趙鼎的說明，這才恍然大悟，暗自佩服他想得深遠。果然後來馮益的影響力漸瓦解，而劉豫也毫無作為。

由於趙鼎能夠妥善思慮，小心處理危機，成功避開了懲治奸人所可能引起的副作用。既達成目的，又不製造問題。

所以，無論處理任何事情，都不要走上極端，即使小人落在自己手裡，也不要一味地斬盡殺絕。

要知道，世上的小人正如白居易所說得離離原上草，殺之不盡，燒之不絕，如果不能冷靜思考，小心用權用謀，一旦走了極端，反而會遭受小人勢力集結反撲，到時豈不得不償失。

# 遇人挑釁，以其人之道還治其身

面對惡意挑釁的人，也不用小心眼、小肚腸地和他們一般見識，只要把他們的問題再丟回他們身上去，以其人之道還治其身。

生活上難免會碰到一些不識趣的人，不是存心找碴，就是不長大腦，連對方已經被惹毛了還不知道。遇到有人找麻煩，雖然心煩，但是如果沉不住氣和對方嗆上了，爭得臉紅脖子粗、吵得不可開交，其實並不能得到什麼好處，只是徒增自己更多的不愉快罷了。

所以，碰到像這樣的人，最好的方法，就是以其人之道還治其身。把問題和粗魯的言行丟還給對方，讓對方自己去感受，讓對方自己去想辦法。

不懂得以禮待人的人，也必然得不到別人的尊重。生活上的一言一行都應該要注意，要想得到別人的重視和喜愛，就得先審視自己是如何對待別人。

出身貧寒的世界知名大作家安徒生，即使後來成名了，也還是維持儉樸的生活習慣，不喜歡奢侈浪費。

有一天，他戴著破舊的帽子走在街上，一個路人見了竟然大聲嘲笑：「笑死人了，瞧瞧你頭上頂著個什麼東西？那也能算是帽子嗎？」

只見安徒生不慌不忙地應了一句：「就不知你帽子底下的又是個什麼東西？那能算是顆腦袋嗎？」

無獨有偶的，俄羅斯知名的兒童文學作家葛達爾，也遇到了同樣的遭遇。

那一天，他提了行李箱準備出門旅行，鄰居忍不住上前問他：「像你這樣大名鼎鼎的作家，為什麼會提這種看起來邋邋遢遢、破破爛爛的行李箱出門呢？」

葛達爾倒是沒有動怒，簡單地回答說：「這有什麼好奇怪？如果我的皮箱大名鼎鼎，而我卻邋邋遢遢，那才糟糕呢！」說完，微微舉了舉帽沿算是致意，就不再理會鄰居，提著皮箱離開了。

外表和裝扮雖然能夠爲自己的形象加分，但是只注重表象卻不重視內涵，更會讓自己變成金玉其外的草包。有些人只看外表，看不起衣著簡樸的人，嫌人窮酸，卻沒發現自己的苛薄臉容反被人看不起。

事實上，外表的裝扮不過是包裹住我們身體的外殼和面具，並不屬於肉體的任何一個部分，當然更和心靈內在沒有什麼關係。

所以，一個在心靈上、頭腦裡眞正富有的人，不會爲了自己的外表而感到困擾，也不會任意以外在條件去評斷他人。

只有誠懇的態度和能夠站在對方立場設想的寬大胸懷，才能夠敲開彼此之間溝通的大門，讓雙方接受，得到認同。面對惡意挑釁的人，也不用小心眼、小肚腸地和他們一般見識，只要把他們的問題再丟回他們身上去，以其人之道還治其身，讓對方醜態自露，更能夠突顯自己的泱泱大度。

# 軟釘子總有硬錘子對付

只要看準了要害，表現出比對方更強的意志力，先將軟釘子的棉花燒掉，再以硬錘來對付釘子，難題自然迎刃而解。

有些人很難纏，不會正面和你發生衝突，可就是推拉不動，對於領導者來說，遇到這種人實在是棘手至極。處理不好，不但多樹立一個敵人，還會讓人覺得自己仗勢欺人，損害形象。如果不能大刀闊斧地快刀斬亂麻，最後就會被這些人吃得死死的，什麼事也做不成。

很多人都已經知道硬碰硬、正面衝突不見得對自己有好處，於是開始以軟抗硬，四兩撥千斤，給對方軟釘子碰。可惡一點的，則大行陽奉陰違的伎倆，無論你怎樣著急，怎樣發火，他都不會著急，不會與你翻臉，更不會與你打架，可就是不合作，存心要讓你開天窗。

遇上這種人，你非但急不得，氣不得，惱不得，悔不得，還得想出個好辦法，才能與他打交道。

軟釘子看似軟綿綿毫無著力點，但是只要是人一定有弱點，只要看準了要害也能見縫插針，趁勢出擊。屆時，管他軟釘子還是硬釘子，全都不是問題。

所以，身爲領導者，一定不可心軟手軟，最重要的是要表現出比對方更強的意志力，當一把無堅不摧的「硬錘子」。

有一家名為華宇企業的服裝公司，專營服裝生產。一家貿易公司見華宇的商品品質良好、賣相極佳，便主動要求與華宇企業簽約，為其品牌代銷。由於這家貿易公司表示他們的資金運轉出了點狀況，所以要求在出貨之後再給付款項。雖然合約條件有點不利，但是華宇企業為了打開當地市場，最後也只好答應。

結果，過了一年，當華宇企業派遣帳務人員到貿易公司要求收帳的時候，卻硬生生地碰了軟釘子。

貿易公司的總經理親自出來接待這位帳務人員，態度和善禮貌、笑容可掬，一路東拉西扯窮聊天，就是想要轉以帳務人員的注意力。

但是這名帳務人員倒沒忘記自己的職責，決定開門見山，表示今天就是要來催收已經積欠一年的貨款。

只見總經理立刻開始皺眉擠眼，一副為難的模樣，最後才吞吞吐吐地說：「之前簽約的時候也跟你們提過，我們公司的生意真的不是很好，本來也想及時交款的，可是……可是……唉！一言難盡啊。不如你看看可不可以稍緩幾天，讓我們再想想別的辦法……」

貿易公司總經理還沒吐完苦水，帳務人員心裡已經明白了十成十，這家公司擺明了就是要拖帳。於是，他表面上和對方虛與委蛇，表示要向公司請示，立刻打了一通電話回公司，向華宇企業的總裁報告。

華宇總裁很快聽出帳務人員的話中之意，當下命人要求倉庫立刻調查對方的銷售和出退貨的狀況，同時，也透過認識的市調公司了解那家貿易公司的營運狀況。結果發現，這家貿易公司不但因為銷售華宇的產品大賺了一票，還連帶推銷出不少周邊產品，得到相當可觀的收益。

資料一到手，華宇總裁立刻要求帳務人員將電話轉到貿易公司總經理手上。

那位經理一接到電話，就聽到：「您好，經過市場調查，發現貴公司經營效益極佳，生意好得不得了，所以希望您能夠依合約按時付款，不要讓我們難做。否則，本公司只好訴請法院裁決。」

一聽對方想走法律途徑，貿易公司的總經理氣焰一時全沒了，不但打消賴帳的念頭，還立刻命人帶領帳務人員到出納部簽領款項。

華宇企業能夠成功收回這筆帳款，全憑著他們掌握了足夠的訊息和資料，以強勢的姿態，讓對方無所遁形，軟釘子無處施展。

所謂「軟釘子」，無非就是將釘子用棉花包起來，讓人在不明就裡的情況下碰釘子。所以，要解決軟釘子，就先將棉花燒掉，再以意志堅強的硬錘來對付釘子，難題自然迎刃而解。

# 識人不明，小心賠了夫人又折兵

貪婪是人性，好利也是人性，如果不能辨明這些人性，無疑是讓自己時時處於危機之中，萬一遭受背後冷箭攻擊，小心賠了夫人又折兵。

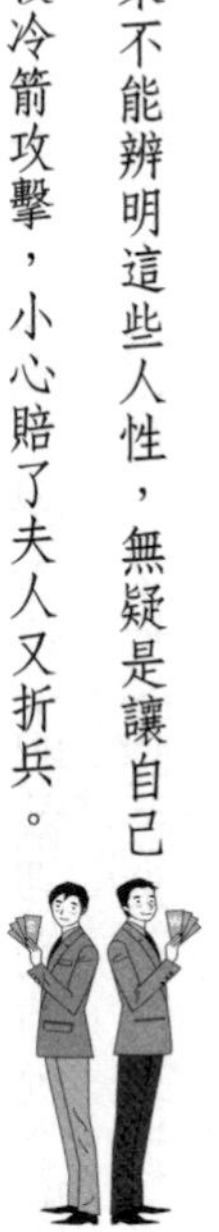

要做大事的人，特別要有一雙精明的眼睛，要能看清楚局勢，要能看清楚時機，最重要的還是要能看出好的人才。

識人不明的危險，清朝光緒皇帝恐怕比誰都還要來得清楚，在維新變法的過程，他就是太過於信賴袁世凱，到最後發現袁世凱倒戈背叛之時，一切已經來不及了，變法新政全都因此一敗塗地。

由於慈禧太后專擅朝政，漸懂事理的光緒皇帝決定要想辦法奪回政權，讓自己成為一個名副其實的皇帝，而不是一具空著皇袍的傀儡。在康有為的獻策之下，光緒皇帝下詔變法，決心徹底革除老舊勢力。同一時間，慈禧太后所掌控的一派人士也開始預謀政變。

以光緒為首的革新派和以慈禧為首的守舊派，各自開始積極吸納勢力，並彼此激烈角逐。等到新法一公佈，條條朝著守舊派而來，而一些原本騎牆的人士因為發現新法將會剝奪到自己的利益，也紛紛轉投守舊派的麾下。就這樣，支持慈禧的人越來越多，反觀光緒身邊的人則越來越少。

這時候，為防握有軍權的守舊派勢力造反，康有為等人於是密會握有部分兵權的袁世凱，探詢他的政治傾向。

袁世凱拍胸脯保證自己一定站在光緒這邊，康有為和譚嗣同聽了信以為真，一起向光緒全力保薦，而且認為革新派和守舊派勢鈞力敵，萬一真的發生政變，也不一定誰贏誰輸。

於是，光緒密詔袁世凱入京，打算先發制人。

萬萬想不到，當袁世凱回到天津的時候，竟然將光緒的計劃向慈禧太后的心腹榮祿告密，結果慈禧太后反而先下一著，將光緒軟禁在瀛台，嚴懲康有為、處決譚嗣同，革新派主力一一瓦解，新法變革胎死腹中，維新不過百日即宣告結束。

就這樣，光緒皇帝的一生毀在了袁世凱這個小人身上。

光緒皇帝最大的失敗，就是不能辨清袁世凱到底是一個什麼樣的人，在還沒有完全了解袁世凱的忠誠度之前，就輕易地交出信任，等於把自己交到對方手上。沒想到袁世凱是個重利益勝過重道德的人，想權勢勝過想義理的人，不在乎陣前倒戈所留下的惡名，只知道識時務者爲俊傑，只要自己能夠得利就好。

換句話說，袁世凱比起光緒更有一雙好眼睛，看得出什麼樣的局勢對自己有利，懂得爲自己找到最有利的出路。

貪婪是人性，好利也是人性，如果不能辨明這些人性，無疑是讓自己時時處於危機之中。要是還以爲自己無後顧之憂，一路前衝時萬一遭受背後冷箭攻擊，小心賠了夫人又折兵，一切可就悔不當初了。

# 除去一個惡人，就是做一件好事

挖「小人」的牆角，不僅可以使自己在競爭中掌握住主動的優勢，更可以為其他人掃清障礙，使正直的人能有更多的出頭機會。

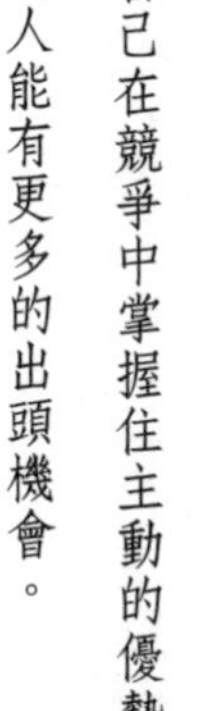

雖然說萬事以和爲貴，凡事別太和人計較，但是對方若眞是欺壓上了門，可也不能呆呆站著任人欺負、任人打。必要的時候，該站起身來勇敢反擊。

小人就像蟑螂一樣的害蟲，既討人厭又會帶來危害，最厲害的是生命力驚人，如果不及早解決，最後一定會造成更大的麻煩。

對付君子和對付小人，方法截然不同。對付君子，你大可點到爲止，有時候替對方留一些情面，反而會得到更好的效果。對付小人的時候，可就不能這麼輕易善了，要知道，除去一個惡人，等於是做了一件好事。

古代周處除三害的故事即是很好的例證，一個人要使壞，那麼造成的災害可比天災還來得厲害，如果不能除去這些「惡」，最後必蒙其「害」。所以，爲善除惡的任務，首先就是要根除「小人」，將危惡的可能性降到最低。

對付像害蟲一樣的「小人」，其實沒有什麼好客氣的，因爲對「小人」再好，他也不會感激你。一旦對他沒好處，他就會一腳把你踢開，有時甚至還會順手在背後放你一記「冷槍」。

對這樣的人，如果能夠徹底擊垮，使他囂張的氣焰受到打擊，減少危害性，豈不是功德一件？假使足夠沒有實力一舉擊敗他，那至少也要挖他的牆角，讓「小人」集團自體崩解。

挖「小人」的牆角，不僅可以使自己在競爭中掌握住主動的優勢，更可以爲其他人掃清障礙，使正直的人能有更多的出頭機會。

此外，挖「小人」的牆腳，還有利於整個組織運作。將一些貪贓枉法的傢伙揪出來，就好像清除了體內的毒液，如此組織才能健康地發展下去。

但是，既然對方是「小人」，就表示對方必會爲了保全自己的利益不擇手段，那麼要如何成挖「小人」牆腳，又讓自己明哲保身呢？

以下提供幾個重點：

• 務必小心謹慎

「小人」表面看來可能很「和善」，但這只是表面，他的內心實際上心胸狹窄，時時事事爲自己個人考慮，什麼道德、品質、人格在他心目中根本不算什麼。面對這樣的人，最需防範他們笑裡藏刀。

尤其是手握一定權力的「小人」，處理過程一定要愼之又愼，因爲這些人往往心狠手辣，爲爭權奪利無所不用其極，對於和自己作對的人，必「除之而後快」。所以，爲了防範他們反撲，最好不暴露自己，躲在暗處操作。

• 詳細收集事證

想要指派對方的不是，一定要有充足的準備，一旦罪證確鑿，任憑對方再有三寸不爛之舌，也勢必啞口無言。所以，可以在平時將就把種種相關的事證資料收集起來，一旦時機充分，就將事證檢舉出來，揭發他們的不法行爲。

• 備妥靠山和後路

必要的時候，可以儘量凝聚自己力量，一方面牽制對方，一方面也可以爲對方帶來壓力。有時候，也可以利用群衆的力量，對他們造成一定的威懾。有了足夠的靠山，也別忘記幫自己安排退路，一旦事情進行不順，至少要能安然退出。

透過以上這些方式，站穩腳步，進可攻退可守，既可達到挖「小人」牆角的目的，又可保全自己。

其中最好也是最有效的方法，就是讓小人集團自亂陣腳，透過小人間的相互矛盾，引使他們自相攻擊，如此便能隔山觀虎，坐享最後的成果。

# 別給「馬屁」拍上天

當你聽信了諂媚之言，等於是接受了一篇毫無用處的假話，同時犧牲了自己某部分原本並不想給出的利益。

好聽話人人愛聽，但是光聽好話卻不見得是一件好事。

有一個笑話是這麼說的：

據說某個人在長官面前提到，自己的師長曾經告訴過他一個無往不利的絕招，就是「九十九頂高帽」。

長官聽了不禁感到好奇，什麼是「九十九頂高帽」？那人解釋說，就是幫人戴高帽，大獻殷勤，高帽子戴得好、戴得巧，效果截然不同。

長官聽完解釋後，臉色一正，相當不以為然地訓斥說：「我最討厭別人阿諛奉承、逢迎拍馬了。」

那人聽了連忙附和地說：「是是是，您的情況當然不同，您恰恰巧是個例外。想想看，像您這樣不吃馬屁的人，天底下能有幾個呢？」

只見長官的臉色稍微和緩了下來，假意瞄了那人一眼，說：「你知道就好。」說完便走了出去。

那個人畢恭畢敬地對長官行目送禮，心裡可是暗自回了一句：「還說沒用，這不就送出一頂了。」

這個笑話說明了，儘管人人都說不愛被拍馬屁，但是很多時候，當馬屁上門，卻不見得能夠抵擋得了。

讚美和諂媚最大的不同就在於誠意上的差別，諂媚的人所說的好話並非發自眞心，而是爲求某種目的而來。說假話是爲有所求，而且這個要求必須使手段才能得到，而不是給予者原本就想給予，因爲如果是他本來就該得且可得的東西，也就不用特意說違心之論了。

當你聽信了馬屁精的諂媚之言，除了一時的得意之外，等於是接受了一篇毫無用處的假話，同時犧牲了自己某部分原本並不想給出的利益，這樣的代價顯然根本就不合算。

所以，要怎麼樣才能不被「馬屁」拍上天、牽著走呢？

首先一定要能分辨得出什麼是眞心的讚美、什麼是虛情的諂媚。

像前面故事中的長官，自己爲不受獻媚卻還是被戴上了高帽，就是因爲他聽不出什麼是諂媚的話。

一般來說，有幾種常見、有效的諂媚方式：

・應付型

所謂應付型的獻媚方式，就是順著你的思路走，說出你想聽的話，不至露骨也不會太過分，因此最常爲人所接受。

像前面故事中的那個人，就是使用了應付型的獻媚法。

・阿諛型

此種類型的獻媚方式層次稍微低了一點，也就是刻意「說好話」討好人。這種做法只要不要太過肉麻，一般人也尚可接受。

・反證型

透過貶低某一方來哄抬另一方的獻媚方法，稱之爲「反證型」獻媚。只要被貶低的一方和被獻媚的一方之間有所對立，這種做法使用起來特別靈驗。

若是想要不輕易被馬屁騙昏了頭，方法也是有的，首先要學習多聽反面意見。順從自己意見的話，雖然表示了一種認同，但是聽多了對自己並沒有好處，也得不到任何價值，因爲，這些話說來說去都是自己所想的事，不會有所刺激，也無法獲得創新或改善。

至於好聽話，偶而聽聽無妨，可一旦發現自己耳邊只剩下好聽話時，就要提高警惕，防範有人有所意圖。一個領導者如果只聽好話，就無法發現下屬的問題，也無法及時解決問題，如此將會造成重大危機。

此外，會在你面前說別人壞話的人，特別要小心防範，因爲這樣的人往往在你面前說做一套，在人後可能又是另一番嘴臉，更可能是專擅挑撥離間，從中獲取好處的小人。

這樣的人不只該謹愼面對，更不要落入他們的陷阱之中。

# 別忽視流言蜚語的危害

哪怕是一點點毫不相干的風吹草動，都可以被渲染、歪曲，就算是無憑無據的傳言閒語，也可能會像滾雪球一樣帶來意想不到的災害。

縱觀人類歷史中，許多悲劇就是在流言蜚語的作用下所產生。

言語的力量，影響何其深遠，有人說「君子不畏虎，獨畏讒夫之口」；有人說「衆口鑠金，積毀銷骨」；有人說「讒言三至，慈母不親」；這些話無一不強調出流言蜚語的殺傷力。

一旦被流言顛倒黑白，即使連老虎都不怕的君子，也得無奈低頭；面對無數人的指責，再如何強硬的意志也會爲之消磨；謠言說了又說，到最後連最親近的母子都開始產生了懷疑。

魏晉南北朝時代，就曾經有過一個姐妹鬥爭、利用流言把皇后拉下台的例子。

北魏孝文帝在位時，非常寵愛一對姐妹，姐姐名叫馮媛，妹妹名叫馮潤，兩人都是容貌過人的美女。孝文帝還曾經特別賜字給兩人，說妹妹馮潤「媚而不佻，靜而不滯」；而姐姐馮媛「風韻自嬈，妖媚艷麗」。

原本姐妹倆一同侍奉皇帝，過著很幸福的生活。後來馮媛舊病復發，被遣送回家養病。等到她好不容易回宮之後，才知道妹妹馮潤已經被封為皇后，自己只能得到左昭儀的位置，心中頗有不甘。

為了奪得權勢與地位，馮媛開始用盡心機。首先，她將自己打扮得艷如芙蓉，然後將麝香揉成微粒，納入肚臍之中，隱而不見卻通體奇香，果然令孝文帝印象深刻，從此倍加寵愛。身居昭儀之位的馮媛，便依侍著皇帝的寵愛，經常在枕畔床邊有意無意地說妹妹皇后馮潤的壞話，目的就想讓皇帝對皇后產生反感。

當時孝文帝力行漢化政策，禁止穿胡服、說胡語，但是皇后對於漢人的穿著打扮、言行舉止非常不習慣，因此，拒說漢語，也不願改穿南服。關於皇后的固執，孝文帝多少有點不悅，但是因為疼愛皇后，也沒有多加堅持。

馮媛便利用這個機會，刻意捕風捉影，更加批判皇后的不是，把皇后的種種舉止都曲解成對皇上不敬，為反對而反對。孝文帝聽久了，竟也越來越相信馮昭儀的讒言了。

一次，孝文帝又從馮昭儀口中聽見皇后批評自己的通婚政策，一怒之下就把皇后找來狠狠斥責一頓。皇后知道是受了姐姐的暗虧，便也端著架勢訓斥了馮媛一陣，兩人的爭鬥因而白熱化。

在一場宮廷宴會中，本來由昭儀和其他嬪妃一同侍飲，後來孝文帝喝得高興，便要人去請皇后前來同歡。馮皇后一聽昭儀在場，當下拒絕，不願出席；可是皇上一再命人來請，皇后只得更衣赴宴。到了會場，看見馮昭儀依偎在皇帝身邊，氣得馬上破口大罵：「我才不要和騷狐狸同坐。」

馮媛知道妹妹暗諷自己，便也毫不退讓地回敬，兩人你一句、我一句，吵得不可開交。孝文帝聽了心煩，便唸了皇后幾句，這下可更激發了皇后的怒火，連皇帝都不放過，怒斥他被女色迷昏頭，之後扭頭就走。

現場尷尬至極，皇帝掛不住面子，馮昭儀又伺機在耳邊嚼舌根，孝文帝怒極氣極，第二天就將皇后貶為庶人，送到瑤光寺出家。

馮媛一步一步為自己奪得皇后之位，但好景不長，後來孝文帝出戰病歿，死前賜令皇后自盡殉葬，心機用盡的馮媛，最後也難逃被迫飲下毒酒而死的命運。

善於「捕風捉影」的人，哪怕是一點點毫不相干的風吹草動，都可以渲染、歪曲成不得了的大事，進而成爲誣陷他人的事證。就算是無憑無據的傳言閒語，也可能會像滾雪球一樣帶來意想不到的災害，更何況是有心人惡意挑撥？

可惜，雖然人人都知道謠言可能帶來如此大的傷害，但是我們的生活卻無法全然根除謠言的存在。

只要有人，就有流言，就有八卦，儘管流言中的主角總是深受其害、深感其苦，但是，一旦主角換人做，可能還是會不自覺得把另一段流言傳遞出去。

# PART 7

# 虛張聲勢，<br>讓對手不敢造次

與人週旋、交談時，

注意說話技巧與態度，展現出自信，

可以有效提高自身壓迫威嚴感與說服力。

# 瞄準關鍵人物的「要害」下手

在採取行動之前，務必進行審慎妥善規劃，務求找出關鍵人物的需求，從最「脆弱」的地方著手，一舉中的。

西方人來中國市場做生意，不約而同地感到第一難的是——人際關係網太多、太複雜，令人不知如何應付。其中，「裙帶關係」所衍生的威力更是非同小可，讓西方人頭疼不已。

其實，對於能靈活運用的人而言，裙帶關係正是突破難題的關鍵。

或許你不相信，那麼，不妨看看以下這個例子。

為了追回一筆人民幣一百萬元的欠款，梁英足足前往新春電線廠討了十多次，卻總是沒有結果。她感到不能再這樣下去，決定換個方式下手。

於是，梁英開始打迂迴戰，瞄準新春電線廠財務科副科長小李下手。這年輕的小夥子雖只是副科長，卻是新春電線廠廠長的外甥，如果能拉攏過來幫忙，要回欠款想必會容易許多。

這天，梁英再度前往新春電線廠，逕自往財務科把小李叫了出來。小李一臉為難地說：「梁大姐，妳的事，我實在幫不了忙。」

梁英一聽笑出聲，擺了擺手說道：「我今天可不是來要錢的，更不是找你幫忙，而是為了幫你的忙。」

「幫我的忙？什麼意思？」小李不解地問。

「替你介紹對象呀！」

一句話說得小李的臉微微發紅，梁英則自顧自地接著講下去：「別不好意思，我已經打聽過了，你還沒有女朋友。正巧我昨天去姑媽家，我有一個表妹也還沒有對象。我表妹長得漂亮，剛從大學畢業，和你非常登對啊！對了，我已經替你約好了，今天晚上在光明電影院見面，這是電影票，可別去晚了喔！」

小李接過電影票，連聲道謝，梁英拍了拍他的肩，轉身離開。

第二天，梁英撥了通電話給表妹，從對方的語氣中感覺到兩人似乎印象不錯，很有繼續發展的可能，不禁暗自得意，要回欠款有希望了。

從此之後，她不再天天前往新春電線廠要欠錢，而是把精力分配到其他上下游客戶、廠商身上。

半年時間很快過去，有一天，梁英家裡出現兩位客人，正是小李和她的表妹。兩人表示近期就要結婚，小李接著又說，新春電線廠最近收回好幾筆貨款，明天就可以辦理還款手續。

兩個月後，在小李的婚宴上，當身分為介紹人的梁英和為新人證婚的新春電線廠的蔣廠長見面，蔣廠長才恍然大悟，為什麼財務科副科長、自己的外甥，在處理還款問題的時候，會那樣竭力地替對方說話。

小李夫婦怎麼也不會想到，他們竟成了梁英討債過程中最關鍵的一著棋，產生舉足輕重的作用。因爲，自始至終，梁英都沒有向他們提出任何要求。

這就是梁英熟諳人性的最好證明，她知道有了「裙帶關係」之後，不用自己畫蛇添足地開口，小李必定會主動開口幫忙，因此只要等待時機成熟即可。

俗話說「打蛇要打在七寸上」，解決困擾自己的問題也是如此，做任何事都要瞄準關鍵，從「要害」下手。

梁英能夠順利要回款項，就是因爲選擇了好的突破口。至於，怎樣找出關鍵人物？又該怎樣攻下關鍵人物？凡此種種都是人際關係中的學問。

當然，做任何嘗試、下任何決定都有風險，所以在採取行動之前，務必進行審愼妥善規劃，務求找出關鍵人物的需求，只要懂得從最「脆弱」的地方著手，往往就可以一舉中的。

# 先讓對手吃點甜頭

面對難以應付，不輕易讓步的對手，不妨給一點點小甜頭，用利益去降低他們的防備心。

商場上有句行話，叫做「不見兔子不撒鷹」，意思就是要人審慎行事，避免捕風捉影的莽撞行動。要知道，耳聽爲虛，眼見爲實，「一手交錢，一手交貨」雖是句老話，卻也是不可否認的定理。

當然，換個角度來說，有些人爲了達到自己的目的，某些時候也會假意放出「兔子」，誘使對方「撒鷹」，然後再好整以暇地把兔子收回籠子裡，順便連鷹都一起抓到手。

老黃在社會上打滾了多年，很有自己獨到的經驗，辦事能力相當強，各種問題幾乎都難不倒，因此很受公司器重，被調到業務部門，擔任起人人避之唯恐不及的「討債」工作。

老黃接下的第一個任務，是前往一間態度相當難纏的經銷公司催討款項，而對方派出接待他的是業務部門的裴主任。

兩人說了半天，裴主任就是不入正題，只要一聽到老黃提起錢的事，就馬上用別的話給擋回去。老黃這下子明白，裴主任必定也是個精明的人，能力絕對不在自己之下，相當不好應付。

這可怎麼辦呢？

當然要換個方法出擊。老黃認為，這號人物雖然總是逃避對自己不利的問題，卻有個弱點，就是一旦遇到好處，便會馬上被利益蒙蔽了眼睛，寧可把腦袋削尖也要拚命往前鑽。

念頭一轉，老黃決定施展欲擒故縱之計，神秘兮兮地湊近裴主任說：「跟您說個好消息，我們工廠最近要降價處理庫存產品，這可是個難得的好機會。」

「是嗎？降價幅度多少？」裴主任立刻睜大了眼睛，來了精神。

「所有產品全面降價，約在十五%至二十五%。」老黃說。

「喔！那倒是不錯。我們可以續約，繼續經銷你們的產品。」

「很抱歉，這可不行呀！因為是降價銷售，所以必須以現款提貨，更何況你們還欠著一筆錢呢！」老黃搖搖頭。

「那就算了，我們現在還真拿不出現金。」

裴主任不愧是條老狐狸，根本不上當。

一擊失利，老黃毫無表情。他有信心，對方絕對不會輕易放過到手的利益，只要再加一下溫，不怕獵物不上勾。

第二天，他再度前往拜訪裴主任，但講沒兩句話便匆匆起身，表示公司有吩咐要快點回去，以免其他負責銷售的員工忙不過來。

裴主任一聽，立刻起身握著老黃的手說：「你幫我替上級聯繫一下，過去的欠款我先歸還三分之一，然後以現款購買降價產品，如何？」

老黃知道計策發揮了功用，心裡得意極了，卻仍舊不動聲色，沉穩地說：「這簡單，只要你能多少還一些欠款，讓我有面子，其他就包在我身上。」

回到公司後，老黃立刻向主管說明狀況，並提出自己的打算，進行安排。果然，不出幾日，裴主任便親自登門。

只見他拿出支票，讓老黃看了幾眼確定便又收了起來。老黃明白，裴主任仍有疑心，要一手付錢，一手交貨。

於是，他便開始忙著幫裴主任辦理手續，之後，又親臨儲運部門調車提貨。裴主任跟前跟後查點著數量，等到確定一切準備就緒，貨物也裝載完畢，只待出發，才把支票交到老黃的手裡。

卻沒料到老黃才拿到支票，下一秒就張口大喊：「停。」

裴主任沒料到有這一招，猛地一驚，出了一身冷汗，想要阻止，可是支票已經握在對方手上，拿不出半點籌碼。

「裴主任，對不起了，我們還是要按規矩行事。我先把你欠的錢全部扣下，再看看究竟還能買多少貨物。」老黃面帶微笑，不慌不忙地說。

裴主任機關算盡，以爲自己掌握到一切好處，最後卻仍舊栽了個觔斗，敗在老黃手裡，說穿了就是因爲好貪小便宜。

太多人都有這樣的毛病，只要看見眼前的利益就忘了對方眞正的目的，傻傻地跳近圈套裡去。明白這個道理，就可以活用一些厚黑技巧：面對難以應付，不輕易讓步的對手，不妨給一點點小甜頭，用利益去降低他們的防備心。

# 彈性應對，掌握所有可供利用的資源

「做事留一線，他日好相見」，掌握所有可供利用的人脈資源，就是在商場上立命安身不可不奉行的真理。

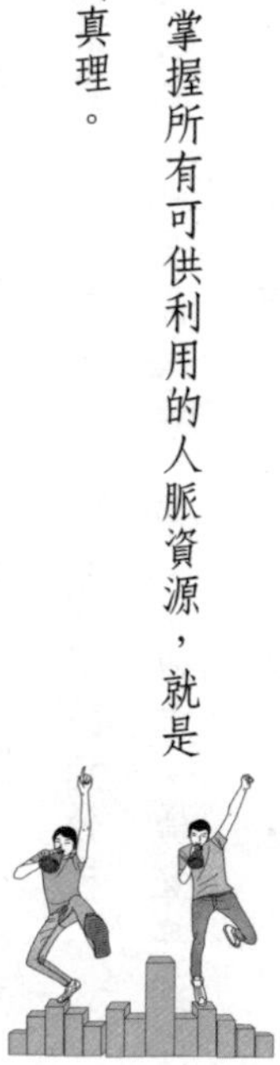

商場如戰場，想要生存，首先得分清誰是敵手，誰是朋友。對朋友，必然笑臉相向，如同春風和暖；對敵人，則必須橫眉冷對，嚴冬一般殘酷無情。

但是，話又說回來，商場上沒有永遠的朋友，也沒有永遠的敵人，只有對利益的追求永遠不變。因此，待人處世態度絕不能一成不變，否則不是被認爲軟弱可欺，就是可能被當作無情無義。

不僅要靈活機動，更要學習適時調整面具。對小人扮小人，對君子扮君子，如果君子變成了小人，就該馬上武裝自己、加以防備；同理，如果小人變成了君子，那麼也應該把黑臉換成白臉，雙方仍是朋友。

具備這樣的能力，才有縱橫商場的本錢。

一位住在美國洛杉磯的華裔商人陳東，向香港繁榮集團購買了一批景泰藍，言明一半付現，另一半以支票支付。交易當天，陳東卻不出面，指派兒子前來支付現金與一張一個月的支票。

一個月後，支票到期，卻遭到銀行退票，幾經聯繫，陳東一推再推，後來索性不接電話，繁榮集團這才知道中了圈套。對此，集團老闆陳玉書相當憤怒，直說：「除非他永遠不踏上香港一步，否則我一定逼他把錢交出來。」

於是，陳玉書開始廣佈眼線，終於有一天，得知陳東來到香港洽談另一宗生意。陳玉書馬上派人與他聯繫，並以廉價批售鳥獸景泰藍相誘，將陳東請到公司。

一踏入辦公室，便聽見背後門被鎖上，陳玉書大喝一聲：「陳東，總算等到你了！」陳東驚覺自己上當，臉色大變，僵立在當場。

陳玉書伸出手問他：「我的錢呢？」

「什麼錢？」陳東很快回過神，意圖耍賴。

「你欠我的錢呢？」

「錢是我兒子欠的，你要我還，這根本不符合美國法律！」

「沒有你的授意，我當初又怎麼會跟你兒子簽約？另外，這裡是香港，不要用美國的法律壓我，乖乖還錢。」

陳東緊張地盯著陳玉書，生怕對方氣得失去理智，會使用武力，便大聲說：「你這樣是不行的，別想恐嚇我。」

「對付不講理的人，我自有我的辦法。你別以為自己懂得美國法律，我就對付不了你。你知不知道我是什麼人？」不等對方回答，陳玉書一拍桌面，大聲吼道：「告訴你，我從小就是在街頭混出來的！」

有句俗話說：「軟的怕硬的，硬的怕橫的，橫的怕不要命的。」那個當下，陳東全身冷汗直流，用手摸摸胸口，又忙掏藥，看樣子有點受不了。

陳玉書見已經達到恫嚇的效果，便稍微和緩了口氣對陳東說：「我就只要你還錢，其他都好說。你自己考慮考慮吧！」

陳東知道自己既然不慎落在對方手上，抵賴也已經無用，所有詭計都無法施展，只得打電話聯絡朋友，開出一張支票。

陳玉書也學了乖，馬上要部屬拿著支票前往銀行取款，確定成功兌現後才放已經嚇壞了的陳東離開。

事情到此算是解決，但並未全部落幕。第二天一早，陳玉書和妻子親自前往喜來登酒店拜訪了下榻的陳東，還帶著禮物，向對方表示誠摯的歉意。

這又是為了什麼目的呢？

很簡單，因為錢債糾紛畢竟不是生死之仇，既然已經成功將錢拿回來，接下來就是要回頭鞏固人際關係，畢竟「做事留一線，他日好相見」，掌握所有可供利用的人脈資源，就是在商場上立命安身不可不奉行的眞理。

# 徹底發揮三寸不爛之舌的威力

千萬別小看了動之以情的「慫恿」效果，只要持之不懈，便有可能轉移對方已經做好的決定，成功達到自己的目的。

請託人辦事要有耐心，因爲許多事情並不像想像中那樣容易應付與操作。有時候，你拜託他人爲自己辦一件事，對方雖有能力，卻可能遲遲不肯答應。造成這種狀況的可能有很多，因爲任何人都可能有自己的考量與苦衷。

如果你當下便馬上放棄，那自然不會再有希望，但你若能持之以恆，以耐心周旋，便可能得到「柳暗花明又一村」的收穫。

某建築工地急需六十噸瀝青，採購員受命，立刻火速尋找貨源。偏偏當地的瀝青全部被同一家工廠壟斷，對方態度相當冷淡，推說現在供貨吃緊，至少得等到兩個月之後才能提供所需的量。

採購員一聽非常著急，工程進行到一半，怎麼能夠擱置兩個月呢？而當他從其他人口中得知其實這家工廠仍有大量存貨，只是因為自己平常沒「進貢」，忘了要打好關係，才不願意幫忙時，更是又急又怒，氣得不知該怎麼辦才好。

但這位採購員畢竟是聰明人，懂得控制自己的感情，思索真正能解決問題的辦法。他想想，自己手頭一無餘錢二無長物，要「進貢」是不可能的，但至少有足夠力量死皮賴臉地遊說對方的廠長。

從第二天起，他天天前往那家工廠的廠長辦公室，耐心地懇求訴說。廠長感到煩，板起臉孔不願意理睬，他也不在意，就坐在一旁靜靜等待下一個開口的機會，且始終面帶微笑、彬彬有禮、心平氣和、風度絕佳。

終於，「捱」到第五天，廠長再也受不住，忍不住說道：「唉，算我服了你，就幫你這一次吧！那批瀝青，明天就可以送到。」

在這個事例中，採購員先探明了自己遭到拒絕的原因，進而從這一點發揮，擺出低姿態，好聲好氣地請求，最終「磨」得對方不得不答應他的要求，屈服於一連串「纏人」攻勢之下。

二十世紀八〇年代初期，中國大陸進行了著名的「引灤入津」工程，計劃引灤河的水解決天津民生用水問題。但才進行不久，就因為炸藥量不足而面臨必須停工、延期的困境。領導人對此心急如焚，指派李連長驅車前往東北某化工廠求援。

李連長晝夜兼程千餘里，在最快時間趕到那家工廠，卻沒料到要求提出後，只得到一句冷冷回應：「現在沒有貨。」

對於這樣的結果，他當然不能接受，只得找上廠長。廠長接見了他，表明自己不是不願意做這筆生意，但現在確實拿不出貨品，勸他另想辦法。

李連長並不灰心，坐在廠長辦公室，看著面前的一杯熱茶，忽然靈機一動，想到一個新話題：「這水真甜啊！可是您知道嗎？天津人喝的是從海河裡、窪洞中集來的水，不用放茶葉就是黃的，還帶苦味呢！」

說到這，一眼瞥見廠長戴的正是天津產的手錶，話鋒一轉又接著說：「您也戴天津錶？聽說現在全國每十只錶中就有一只是來自天津，每四個人裡就有一個用的是天津的鹽。您是行家，一定懂得水與工業的密切關係，真是為了解燃眉之急啊！沒有炸藥，工程就得延期，所有行業都要受到影響……」

李連長說得很誠懇，使得廠長不知不覺受到影響，打開話匣子與他聊起來：「你是天津人？」

「不，我是河南人。只是看了天津市民的困難感到不忍心，實在希望他們能有乾淨的灤河水可以用，所以……」

當晚，廠長發下命令，全體員工加班三天，趕製炸藥。三天後，李連長帶著滿滿一車炸藥，順利返回。

人是感情的動物，所以無論意志再怎麼堅定，都有可能被動搖。千萬別小看了動之以情的「慫恿」效果，只要持之不懈，便有可能轉移對方已經做好的決定，成功達到自己的目的。

# 抓住弱點，一招致勝

與團體交涉時，不妨採用各個擊破方式，找出不同成員間彼此溝通的障礙或矛盾，如此一來將可以達到事半功倍效果。

經營原料買賣的老張氣呼呼地來到一家欠了好幾筆款項的工廠，決定今天無論如何，都要把延宕了好幾個月的債務解決不可。

推開廠長室的門，說明來意後，廠長客氣地請老張去找經營科長。經營科長聽了，說這不是自己的事情，又請他去找供銷科長；供銷科長只搖搖頭，又把老張推向了財務科。最後，財務科長只說了一句：「具體狀況我不清楚，你找別人吧！」之後便再無下文了。

覺得自己像皮球被踢來踢去，老張怒氣沖沖地走回廠長辦公室，把自己的遭遇完整地陳述一遍。

「去找經營科長，就說是我說的！」廠長立刻拿出威風。

這回，經營科長果然客氣許多，但說來說去，最終結論就是沒錢，還不了債。

老張心想，這樣就想打發我嗎？才沒那麼容易。

他馬上又回去找供銷科長，結果當然也是和經營科長一樣，一聽是廠長交代下來的，態度變得很客氣，可還是沒錢。

這次，老張沒生氣，心下一轉，生出了一個計謀。

「你怎麼又來找我？」當廠長第三次看見老張進辦公室，明顯滿臉的不高興。

「我跟他們說了，是你要我去的，可是他們根本無動於衷，還是敷衍推託，根本不理會。」老張一臉無奈地說。

廠長聽罷，馬上板起臉孔，用內線電話把經營科長叫過來。

「我不是解釋了嗎？目前廠裡的資金很緊，一時調不出來。」一進入廠長辦公室，經營科長就說。

「你並沒有這麼說，只是讓我去找供銷科長。」老張回答說：「不信可以去找供銷科長問一問。」

聽著不著邊際的應答，廠長感到有些頭痛，便下了逐客令。「你們自己去談談，把話講清楚。」

「你這人怎麼胡說八道？」經營科長相當生氣。

「是廠長請我去的，問我跟你談得怎麼樣。」老張說。

「我不是說了嗎？沒錢。」

「那你要想辦法解決問題啊！」

「這就是答案，現在解決不了。」

老張沒再回話，轉身就離開。

「你還來幹什麼？」廠長第四次見到老張，煩得幾乎要拍桌。

「經營科長告訴我，就算你說也做不到，根本什麼事情都解決不了，不回來找你怎麼辦呢？」老張說：「我這一整天就這樣耗在這裡吧！」

廠長一聽，大動肝火，抓起電話撥通後就是一陣大吼，要經營科長非得把事情徹底解決不可，別再拖延，替他製造麻煩。

「你到底是什麼意思？」經營科長狠狠瞪著裝出一臉苦惱的老張。

「我沒什麼意思，是你一直弄不懂廠長的真正意思。」

「是嗎？他是怎麼說的？」

「他聽說你還不把錢給我，當然生氣。」

「這麼說，他同意給你錢？」經營科長有些驚訝地問。

老張早料到有此一問，便答非所問，模糊帶過：「說不定過幾天，廠長還要再跟我訂一批貨……」

「好吧！」經營科長不疑有他，站起身。「帳上確實還有一部分款項，原本是要撥去發放工資的，既然廠長都點頭了，就先給你吧！」

說完，便親自領著老張前往財務科辦理手續。

從以上這個故事，你是否看出了什麼道理？

與團體交涉時，不妨採用各個擊破方式，找出不同成員間彼此溝通的障礙或矛盾，如此一來將可以達到事半功倍效果。想要得勝，切記找出對方的弱點。

# 虛張聲勢，讓對手不敢造次

與人周旋、交談時，注意說話技巧與態度，展現出自信，可以有效提高自身壓迫威嚴感與說服力。

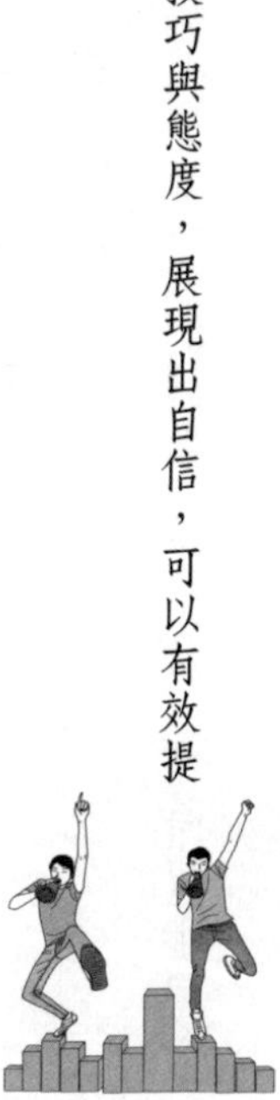

在商場上打滾，會碰上各色各樣的人，即便自己以誠待人，仍可能被心懷不軌者存心訛詐，這時該如何是好呢？

孫經理，是位四十開外的單身女人，因為天生性格強悍，生意做得相當大。

有一天，她剛結束會議，就聽說業務員小關被人騙了，忙把他找來問個究竟。

小關年紀還輕，剛從大學畢業不久。他說，前些日子，某公司前來購貨，在簽名時動了點手腳，故意把帳號尾數的「七」寫成「九」，等到至銀行代收支票時，便因這個理由遭到銀行拒絕。

「為什麼當時不核對一下？」孫經理發火了，毛病竟然出在這裡。

「對方在簽名時，墨水沾得有點多，所以模模糊糊，看不清楚。」小關說：「我用電話聯繫過，他們說沒接到銀行的付款通知，所以就把經費用在其他生意上了，沒錢給我們。」

批評已經無濟於事，孫經理決定自己出馬解決問題。

小關領著孫經理，在一處僻靜小巷裡找到了這家公司。一進門，孫經理便大大方方地往椅子上一坐，一個中年人見狀，立刻請出總經理。

只見總經理不慌不忙走出，略微點了一下頭，自稱姓米。孫經理心想，這個人最多也不過三十來歲，自己的氣勢絕對不能被壓過去。

「你們做生意也太不老實了！竟然騙到了我的頭上！」

「這是正常業務往來，怎麼能叫騙呢？誰叫你們辦理託收不及，當時也不留心，怪不得我們。」米總經理回答。

「我就只要你把該付給我們的錢拿出來，其他的場面話都不用講。」孫經理表現得相當強悍。

「妳大可以去打官司，反正我現在沒錢。」米總經理冷冷地回答。

「嘿，這真有你的，但我偏不吃這一套。」孫經理扭頭對站在身後的小關說：「走！去銀行查他的帳！」

「唉呀！別那麼激動！不如先去吃午飯，我請客，有事慢慢商量。」米總經理一聽到對方要查自己的帳戶，頓時有些緊張，畢竟不知道孫經理的本事多大，還是謹慎防範些好。

孫經理的酒量很大，米總經理原本盤算著把她灌醉之後設法套出實底，卻沒想到幾杯白酒下肚之後，反倒是自己先說了實話。

原來，米總經理的「公司」只有兩個人。招聘業務員時講定，每一批貨都發貨款的十分之一給業務員，然後解聘，由他們承擔責任並處理債務關係，玩點小手段，只欠不還。公司賺到了錢，就拿去投資其他的熱門生意。

「反正都是公司的事，何必這麼認真？這樣吧！我把貨款總額的十分之一給妳個人，就當作是我的一點心意。」米總經理說。

「那怎麼行！我這個人，什麼都缺，就是不缺錢。如果是我自己的事情，倒也就算了，根本看不上眼，正因為是公司的事，所以你必須一分不少地即刻還給我。」孫經理毫不動搖。

「妳怎麼有這麼多錢？」米總經理按捺不住驚訝，脫口而出。

「當然是自己賺來的呀！我家有兩個工廠一個大酒店，每年利潤的三分之一再撥出去投資，累積起來就有了。」

孫經理漫不經心卻又理所當然地回答，但事實上她家根本什麼也沒有。

「老弟，欠我的錢拿來吧！」酒後，她說：「這種缺德生意也別做了，改天到我那裡去，我幫你介紹一份好工作。」

米總經理再無二話，乖乖去銀行領了錢，把所有積欠的款項都還清。

這篇故事，明白展現出了「氣勢」的妙用。孫經理憑什麼深入虎穴，得到虎子呢？說穿了就是憑藉著氣勢。與人周旋、交談時，注意說話技巧與態度，展現出自信，可以有效提高自身壓迫威嚴感與說服力。

# 處世要周全，以改變應萬變

沒有解決不了的問題，端看下手的方向是否正確有效。隨時衡量情況，調整自己的做法，才是聰明的處世之道。

無論做任何事情，都要懂得掌握變通與彈性調整的空間。

即便是在催討債務的過程中，都可以採用軟硬兼施的彈性計策，以軟中有硬，硬中有軟的交替手法施加壓力，迫使對方接受自己的要求。

這種方法，尤其適合用在對方一味抵賴、固執己見、冥頑不化的時候。

某公司派出一位女經理到另一工廠催討一筆貨款，剛一見面，那家工廠廠長就搬出一大堆困難，連珠砲似地不停推託：「不是我不想還錢，可確實就是窮啊！連下個月的工資都發不出來了，哪裡還有錢還債呢？」

女經理一聽笑道：「老實說，我剛剛先花了點時間和廠裡的工人聊了幾句，大概知道營運的狀況，雖說有困難，可並沒有到完全還不出錢的地步。」

廠長自知理虧，也知道對方是個精明人，索性真的賴起來：「沒有用的，就算妳能說得天花亂墜，我也拿不出一分錢。」

女經理有備而來，並不驚慌，從容地答道：「欠債還錢是天經地義的事，真要賴著不還，最後不免就要打官司。到時候，鬧到工廠宣佈破產，被查封資產，拍賣抵債，實在是不怎麼好看。為了區區一筆小錢，何必鬧到對薄公堂的地步？您說是不是？」

廠長見招數不奏效，態度馬上軟下來，笑著說：「我也有苦難言啊，要不這樣吧！我把還欠廠裡錢的廠商名單全給妳，妳自己去交涉，有能耐要回多少，就全帶回去抵帳，這下總行了吧？」

女經理看出廠長把這些自己吃不下、應付不了的麻煩拋出來，當然不會乖乖接受，馬上想出一個主意，回道：「冤有頭、債有主，我為什麼要去向別人要？不然這樣，換我想個辦法。聽說貴廠以您的名義買了不少有價債券與基金，不如就直接按現在的價格折算給我們吧！」

一招不行，就再換一招。

廠長馬上又想出新的主意，開出一張「空頭支票」：「這個主意倒不錯，可惜晚了一步，那些東西昨天已經抵給了別人。對了，廠裡現有一些庫存的照相機，妳拿回去抵債吧！」

女經理露出一副為難的樣子：「要那麼多照相機幹什麼用呢？再說，我又怎麼敢下這樣的決定？您乾脆想辦法把那些照相機拍賣了，然後折換成現金還給我，問題不就解決了嗎？」

廠長見自己想出的所有辦法都被女經理給頂回來，斷了一個又一個的賴帳退路，終於無可奈何地攤手說：「妳真厲害，實在拿妳沒辦法。好吧！我馬上去找總會計師，明天就開轉帳支票過去，這下總該滿意了吧？」

正是憑著自己堅定的意志、卓越的口才、過人的機智，女經理才得以把一個存心賴帳的廠長給治得服服貼貼，不得不乖乖還錢。

她所採取的，正是以軟對硬、柔中有剛的方式，見招拆招之餘，也不失時機地主動提出對自己有利的辦法。

沒有解決不了的問題，端看下手的方向與計策是否正確有效。隨時衡量情況，調整自己的做法，才是最聰明的處世之道。

## 微笑比發怒更能達到功效

千萬別輕忽了微笑的力量，不僅能化解紛爭，更能幫助自己達到目的。「沒有笑臉莫開店」，這是所有出色經商者都同意的經驗之談。

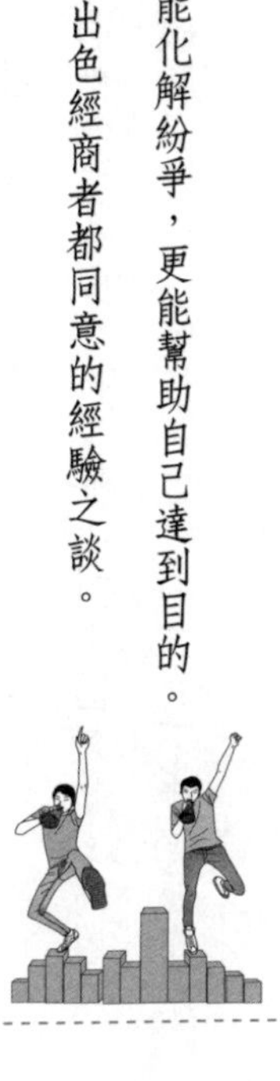

「伸手不打笑臉人」，縱橫商場，微笑比冰冷的臉龐更有用，可以讓你更方便更輕鬆地完成艱鉅任務。

華宇服裝加工廠與羽裳時裝公司簽訂了一份加工承攬合約，按規定，由華宇服裝加工廠為羽裳時裝公司加工製作兩千五百件真絲襯衣，於四月底交貨，衣料，樣品及尺寸等由訂做方提供。每件襯衣的加工費為二十元人民幣，總金額共計五萬元人民幣。

最後，訂做方應於四月三十日提取訂做物，同時付清所有加工費。

簽訂合約後，華宇服裝加工廠上下一致趕工，到了四月二十二日，就完成了所有工作。但很快的，約定的提貨和付款期限過去，羽裳時裝公司卻始終未前來辦理提貨和付款手續。同年五月中旬，華宇服裝加工廠正式派人前往羽裳時裝公司催討債款，但全都無功而返。

狀況演變至此，究竟是怎麼一回事呢？

原來，羽裳時裝公司原是一家小時裝店，楊姓經理接手後，苦心經營，幾年來發展很快，已經成為擁有十五家分店的時裝公司。

乍看相當風光，但也由於發展過快，累積下不少欠款，每天一開門，公司就擠進成群討債的人，楊經理只好以各種理由不斷搪塞推託。

華宇服裝加工廠得知這個情況，自然相當生氣，也很擔心討不回欠款。高層幾番衡量後，決定不像其他廠商那樣撕破臉，而以「笑裡藏刀」的方式下手，並指派公關部的黃組長著手處理。

黃組長決定直接深入「虎穴」，跟楊經理約定時間，某日晚間親自登門拜訪。

那晚，黃組長依約來到楊經理家中。兩人初次見面，楊經理自知欠有大筆款項，心中不安，場面十分尷尬。

黃組長見狀，為了拉近彼此距離，便開始與對方大談從事服裝製造業的一些心得與趣事。

談著談著，楊經理發現兩人對服裝設計的觀點十分相近，頓生知音之感，拿出自己得意的設計，讓黃組長評價。

黃組長一見，馬上指出其中的優點，並大為讚賞，直說是不得了的佳作，捧得楊經理得意非常。

在黃組長三寸不爛之舌的吹捧下，楊經理只覺「生我者父母，知我者黃組長也」，大為驚喜感動。黃組長見時機已到，話鋒一轉，含蓄地表示最近廠裡的經濟狀況遇上了困境，希望楊經理予以體諒。楊經理一聽此言，二話不說，立即簽下五萬元的支票交給黃組長。

就這樣，華宇服裝加工廠討回了欠款，成功解決難題。

從上述例子可以知道，微笑往往比疾言厲色的發怒更有成效。以微笑爲煙幕，降低對方的戒心，最終成功討回債務。應用「笑裡藏刀」的委婉手法，常常可以在各種場合看到。

千萬別輕忽了微笑的力量，不僅能化解紛爭，更能幫助自己達到目的。「沒有笑臉莫開店」，這是所有出色經商者都同意的經驗之談。無論在哪一個領域，微笑都是足以折服敵人、攻克難關的大絕招。

# 以靜制動，抓住對方的言語漏洞

在雙方關係緊張、一觸即發的時刻，催款人該以冷靜和藹態度對待。以靜制動，才能抓住債務人所暴露出的種種弱點和漏洞。

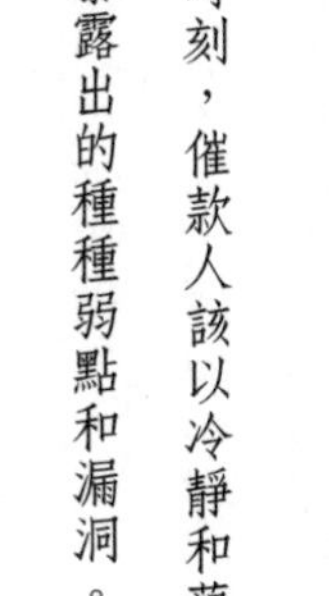

既然在商業社會裡打滾，人就不可免地會與許多人、許多機構有金錢往來，進而產生債權或債務關係。

其中，最辛苦、最不討好的，該是擔當催款工作的人。

身爲催款人員，由於工作需要，免不了得與各式各樣的人打交道，有的人通達熱情，開朗大方；有的人則心胸狹隘，表情冷漠，一副所有人都欠了自己幾百萬的模樣。有的人說話誠懇，能與人眞誠相待；有的人正好相反，不僅滿口謊言，甚至虛情假意，蓄意欺騙。

但是不論遇上哪種人，不論對方使自己感到多麼難堪，催款人員都必須控制情緒，以「忍」字爲最高守則。

身爲到期不履行債務的人，不管出於什麼原因，見到催款人出現，心裡總是感到不自在、不舒服，並產生出對立、牴觸的情緒。

因此，在雙方交涉、商談的過程中，債務人有可能爲了維護自己的面子而出言不遜，無理取鬧，甚至進行人身攻擊。

債務人可能採取的無理行爲有很多種，例如強詞奪理，胡攪蠻纏，刻意刁難，向催款人提出意想不到且根本無法接受的苛刻條件。

也有些時候，債務人會故意要賴，三番五次拒不和催款人見面，或者好不容易終於見了面，也不談正事，以種種藉口一拖再拖。

債務人的一切舉動都可能讓人生氣，令人難忍，在一般情況下，催款人若是受到不合理對待，自然有理由大吵一翻，或以各種手段回敬，以發洩心中的怒氣。可是必須切記，以上種種指的是「一般情況」。

身爲催款人，應當時刻記住自己的身份，記住任務的眞正目的是把錢要回來。明白了這些，那麼對於債務人表現出的一切奇談怪論、荒唐行徑，都應當見怪不怪，平常視之，以忍讓爲先。

如果催款人不能活用「忍」字訣，忍受債務人的無理言行，就會導致雙方關係陷入緊張狀態，甚至公開對立。

一旦出現這種情況，催款人以後不僅無法繼續與債務人進行商討、交涉，在此前所做的一切努力也將化爲烏有，前功盡棄。

也許在此之前，催款人爲了早日摸清債務人的資信情況，付出了很大心血與時間；也或者爲了促使債務人儘早履行債務，而與其他相關單位達成一致共識，付出相當力氣在溝通與周旋；又或者，催款人爲了不虛此行，臨行前搜集了大量資訊。然而，一旦雙邊鬧翻，所有一切就會付諸東流，使效果大打折扣，無論從哪一方面來講，都非常不值得。

因此，催款人爲了達到目的，完成自己的任務，要能忍受一切難以忍受的語言行爲，秉持「以柔克剛」、「以靜制動」的精神。

對那些蠻橫不講理、脾氣暴躁的債務人，再沒有比「低聲下氣」更好的辦法了。比如，當對方大發脾氣，你可以對他說：「請您不要生氣，我來這裡不是爲了吵架。」「我剛才的話可能惹您生氣了，但請您能夠理解我此刻的心情。」「請您理解我們的難處，就算是請您幫我們一把吧！」

凡此種種，相信一定可以使對方冷靜下來，更加理智地思考問題。

債務人越是暴跳如雷、橫蠻刁難，催款人越應當心平氣和，以禮相待。在雙方關係緊張、一觸即發的時刻，催款人該以冷靜和藹態度對待。以靜制動，才能在「靜」中抓住債務人所暴露出的種種弱點和漏洞，然後迫使履行債務。

# 用人情束縛讓債權人成為俘虜

人情難拒，若能學著去發現、去發掘並徹底利用這些情感因素，必定可以成為討債人無往不利的一大法寶。

討債是一件棘手的事情，卻可以藉助一些小技巧來達成。除了上述的死纏爛打、以忍爲先，還可以透過與當事人有情感聯繫的第三人進行攻勢，迂迴包抄，由外向內滲透，達到目的。

以下這幾種人，都是值得「下手」的對象。

・配偶

對一般人來說，自己的妻子或丈夫必定是日常生活中關係最密切的伴侶，因此也是外人「攻打」的首選。要知道，每日反覆不斷吹襲的「枕邊風」，必定能夠達到一定的影響力。

‧親家

親家雖不是有血緣關係的親屬，但因爲身分特殊，一般人都會對他們敬重且禮讓有加。即使身爲大公司的老闆，對部屬比手畫腳、頤指氣使、呼風喚雨，但可能一遇上老丈人，頓時像換了個人似的，表現得安分規矩，言聽計從。

‧好友

「一個籬笆三個樁，一個好漢三個幫」，這句諺語形容的正是「朋友」。結識知己密友是社會生活中的正常現象，因此藉對方的知己好友以達到討債目的，當然是可以利用的有效武器。

‧親屬

除去以上三種人，還能對對方產生影響作用的親屬，就是父母、兄弟姐妹、兒女等具備血緣關係的直系、旁系親屬了。

•客戶

這種關係的影響力，又與以上幾種完全不同，是根基在利益的基礎上。債務人與自己的客戶，尤其是長期客戶，不一定有血緣關係，也不一定有人際友誼，但存在利益的交換、依賴。因此，透過對方在生產經營活動中密切互動的重要客戶施加影響，通常也可收到奇效。

•部屬

或許你會感到不敢相信，但千萬別輕忽了這一層人際關係的可能影響。欠債方若為一個經濟組織，那麼一般情況下，決策人的「周邊」結構必定還包括職員、幹部、工人等，可以統稱為「部屬」。

無論他們之間存在的是平等關係還是雇傭與被雇傭關係，都牽涉到利益的互惠，因爲負責人的意圖必須透過部屬的努力才得以貫徹實施。因此，只要處理得當，部屬同樣可以發揮重要作用。

總而言之，人情難拒，它可以因血緣之親、超血緣之親、利益之「親」等衆多因素而產生。若能學著去發現，去發掘並徹底利用這些情感因素，必定可以成爲討債人無往不利的一大法寶。

RESOLVE VARIOUS DILEMMAS WITH A SENSE OF HUMOR

# 用幽默的心情，搞定難纏的事情

**用幽默的方式和對方**
**進行有效溝通**

《罵人不必帶髒字》系列暢銷作家 文彥博 著

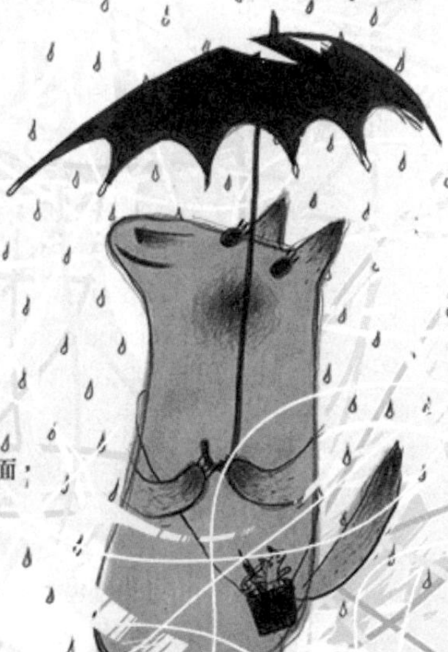

富蘭克林・羅斯福說：
幽默是人際溝通的洗滌劑。
幽默能使激化的矛盾變得緩和，從而避免出現令人難堪的場面，
化解雙方的對立情緒，使問題更好地解決。

身處在這個浮躁焦鬱的時代，不管是突發狀況，
還是別人存心捉弄或惡意刁難，隨時隨地都可能爆發衝突，
面對讓自己難堪的場面更是無法避免。

絕大多數人遭遇難纏的事情，面對尷尬窘迫的場面，
不是張口結舌、面紅耳赤，就是暴跳如雷，惱羞成怒，
相對的，真正有智慧的人總會以幽默的方式和對方互動，
並且用輕鬆詼諧的言語和對方溝通，適時幽自己一默，
也幽對方一默，讓彼此從緊綳、對立的情緒舒緩下來。

國家圖書館出版品預行編目資料

把陌生人變成自己的貴人／
羅策著. 一第 1 版. 一：新北市, 前景
民 107.5 面；公分. -（活學活用：04）
ISBN◉978-986-6536-67-0（平裝）

作　　者　羅　策
社　　長　陳維都
藝術總監　黃聖文
編輯總監　王　凌
出 版 者　前景文化事業有限公司
行銷企劃　普天出版家族有限公司
新北市汐止區康寧街 169 巷 25 號 6 樓
TEL / (02) 26921935（代表號）
FAX / (02) 26959332
E-mail：popular.press@msa.hinet.net
http://www.popu.com.tw/
郵政劃撥 19091443 陳維都帳戶
總 經 銷　旭昇圖書有限公司
新北市中和區中山路二段 352 號 2F
TEL / (02) 22451480（代表號）
FAX / (02) 22451479
E-mail：s1686688@ms31.hinet.net
法律顧問　西華律師事務所・黃憲男律師
電腦排版　巨新電腦排版有限公司
印製裝訂　久裕印刷事業有限公司
出 版 日　2018（民 107）年 5 月第 1 版
ISBN◉978-986-6536-67-0　　條碼 9789866536670

活學活用

04

把陌生人變成自己的貴人

普天之下・盡是好書
普天出版家族 Popular Press Family
湊雲 A-Plus Creative Company 文創